D1729466

Copyright by Anton Styger,
Styger-Verlag, Im Böschi 1, CH – 6315 Oberägeri
Internet: www.antonstyger.ch et www.geobiologie.ch
E-mail : anton@styger-verlag.ch et anton-styger@geobiologie.ch
Première édition en allemand 2009

Traduit de l'allemand par Fernande Allenspach
Révision : Catherine Lüscher, T-Impact, www.t-impact.ch

Layout : Mimmo Dutli, www.holisticharmony.ch

Photo de couverture : Pixelio

Conception de la couverture :
Sonja Anderle, D-82194 Gröbenzell

Impression : Finidr s.r.o., www.finidr.cz

ISBN : 978-3-9524149-1-0

ANTON STYGER

PRIÈRES
pour
l'ÂME

Invocations
Prières
Rituels de délivrance
et de libération

Styger-Verlag

Chères lectrices, chers lecteurs,

Je me réjouis beaucoup que vous ayez choisi ce livre. Pour donner suite à différentes impulsions et de nombreux souhaits, j'ai récapitulé et réunis tous les conseils et prières tirés de la série d'ouvrages « **Expériences des mondes intermédiaires** » (volumes 1-3), dans un livre facile à manipuler, à avoir sur sa table de chevet ou même dans son sac à main.

Le grand nombre de témoignages de lecteurs me touche profondément. Je suis particulièrement heureux de constater que mes prières trouvent un si grand écho à notre époque. De nombreux lecteurs m'ont déjà confirmé que les prières sont efficaces, qu'elles les ont amenés vers une meilleure compréhension de Dieu et même qu'elles les ont aidé à retrouver la joie de vivre. A une époque où nous courons après le temps, beaucoup se sentent vides intérieurement, sans repères et dépassés. Au fond de leur cœur, quelque chose aspire à une nouvelle orientation de leur vie. Cet appel est un défi qui se fait jour même quand les relations aux autres sont bonnes, mais c'est un défi bénéfique. Ce qui est en cause n'est pas le quotidien, le travail ou la famille, qui exigent beaucoup de nous. Non, il s'agit de l'appel de notre moi supérieur à nous libérer des anciens poids de nos vies antérieures.

En ce qui concerne les bonnes expériences, la majorité d'entre nous ne se sentent pas au sommet de leur forme. Il semble plutôt qu'une montagne de vieilles impressions, inconnues mais négatives; qu'un tas de vécu et d'actes provenant de vies antérieures pèsent directement et douloureusement sur l'être humain. Ce poids oppresse fortement beaucoup de nos semblables et les rend malades. Mais la plupart des gens n'imagineraient même pas dans leurs rêves que leurs charges, leurs agitations intérieures, leur maladie ou leur malheur ait quelque chose à voir avec leur vie antérieure. Les croyants conservateurs restent fidèles à conviction selon laquelle nous ne venons au monde qu'une seule fois. Pour ces personnes-là en particulier la question de savoir pourquoi leur corps ou leur subconscient réagissent à des événements traumatisants auxquels ils n'ont pourtant jamais été exposés dans cette existence-ci. Comme exemples, on peut évoquer la claustrophobie, la peur du vide ou encore du feu ou de l'eau.

Chacun est libre de ses opinions et doit le rester. J'aimerais inciter à chercher et vous y inviter. Cela implique par ailleurs que nous acceptions nos côtés sombres et que admettions les actes immatures de nos vies antérieures. A cette condition seulement nous pourrons nous pardonner à nous-mêmes et ainsi dénouer des choses non résolues. Rechercher la source de nos problèmes hors de nous-mêmes est, dans la plupart des cas, peine perdue. La cause se trouve presque toujours en nous, et elle demande à être découverte et soignée. La racine ou l'origine du mal réside fréquemment dans des vies extrêmement éloignées de nous.

S'accepter, se pardonner et s'aimer enfin semble être la chose la plus importante pour nous tous à l'avenir.

Le respect profond de la nature et à travers elle, de la multiplicité de la Création est tout aussi important. La terre n'a pas besoin de nous. Mais pour vivre, nous avons besoin d'elle. En reconnaissant en elle la grandeur divine, nous célébrons aussi notre propre part divine et grandiose.

Anton Styger

1. Message de l'archange Gabriel

Nous recevons un message important de l'archange Gabriel. Il nous demande d'informer les gens, dans des conférences ou des séminaires sur la question de la souffrance **collective**. Voici ce qu'il veut dire :

Il existe un vaste réseau d'énergies de souffrance tout autour du globe terrestre. Tous les êtres humains en sont prisonniers. Lorsque nous voyons à la TV un accident avec des blessés et des morts en Inde, ou lorsque nous entendons quelque chose à propos d'un glissement de terrain en Colombie qui a fait des centaines de victimes, ou encore une inondation en Thaïlande dans laquelle beaucoup se sont noyés, etc. nous souffrons à cause de ces victimes. Elles nous font de la peine et nous en éprouvons une souffrance physique.

Ce que nous ignorons, c'est que nous renforçons la peine et la douleur par ce fait même. Cela augmente le chagrin et les peines des proches dans ces pays.

Gabriel pense qu'il serait vraiment bon de nous comporter de manière parfaitement neutre en de pareilles circonstances. Il estime que nous devrions faire appel à la pure lumière divine ou la visualiser pour l'envoyer là-bas.

Rituel de l'archange Gabriel

Lorsque nous sommes submergés par une telle souffrance, nous devrions tout mettre en œuvre pour éviter qu'elle ne soit enregistrée en nous. Il faudrait aussi veiller à ne pas créer des liens entre les peines, schémas ou énergies négatives, que ce soient les nôtres ou celles des autres. La phrase suivante peut être utile dans ce cas.

« Par l'esprit, je suis toujours lié à l'amour divin tout-puissant, mais jamais aux peines, schémas ou thèmes des énergies négatives, que ce soient les miennes ou celles d'autres êtres humains. »

De cette manière, les peines ne peuvent pas se rappeler en nous ou s'y renforcer. Ce qui est divin est toujours parfait et sain. Dieu n'a jamais créé les maladies, ni les souffrances. C'est nous, ses enfants, qui les avons fabriquées.

2. Comprendre dieu, prières et invocations

Prier est une absolue nécessité dans différentes religions. Pour un grand nombre de personnes, les prières sont une chose qu'elles ont apprise, mais qu'elles n'ont jamais vraiment comprise – elles les disent simplement parce qu'elles n'ont jamais fait autrement. Jusque-là, elles n'ont pas compris que prier peut être quelque chose de merveilleux et de très beau, surtout quand ces paroles viennent du cœur.

Certaines religions inculquent par la contrainte une foi très stricte à leurs fidèles. Bien entendu, on ne peut adorer qu'un seul Dieu. Mais si ce faisant le croyant faisait une erreur, ce Dieu-là serait en colère et fâché avec lui. Alors que celui-ci, dans sa détresse, ne fait que chercher le dialogue avec ce Dieu. Cette folie repose sur une méthode, puisque les différentes Eglises ont réussi à rendre les croyants dociles durant des millénaires ! Qui ne la connaît pas, cette peur de la colère de Dieu ! Celle-ci fait que lorsqu'on n'obéit pas aux ordres (des prêtres ou de leurs semblables), on tombe aussitôt en disgrâce et que, tout au long de sa vie, on ne peut plus être heureux. Ce sont les faits : les êtres humains sont manipulés de cette manière et ils deviennent dociles. Afin d'éviter cela, selon les affirmations des prêtres (en tant que représentants des institutions de la foi), on ne peut rien faire d'autre que de réciter tant et tant de Notre Père ou de faire des offrandes.

L'offrande (sous la forme de fruits ou d'animaux) ont été et sont encore la tradition dans beaucoup de cultures, aussi chez nous en Europe. Mais nos Eglises et institutions d'aujourd'hui préfèrent recevoir de l'argent en guise d'offrandes. Leur système repose là-dessus. Elles encaissent même plusieurs fois pour la même chose. Cela fonctionne encore aujourd'hui, car beaucoup de croyants se sentent bien et d'une certaine façon plus libres après une offrande. Tout se passe comme s'ils avaient accompli leur devoir et rendu service à Dieu.

Cela correspond à un soulagement de leur conscience. Mais ceci n'intéresse pas du tout ces « croyants » – ou mieux : ces individus à double moralité ou hypocrites – de savoir où passent ces oboles. De toute évidence, cela a l'avantage de réjouir les caissiers des institutions et en plus, cela soulage le porte-monnaie. Ce dernier reste plus longtemps efficace s'il n'est pas constamment rempli.

Mais sérieusement, croyez-vous vraiment que Dieu a besoin, souhaite ou encore exige une quelconque offrande, quelle qu'en soit la forme? De toute manière tout lui appartient déjà, il est lui-même le Créateur de toute chose ! Ne pensez-vous donc pas qu'il sait quand quelqu'un donne quelque chose à contrecœur et qu'il le fait seulement pour que les autres gens voient qu'il est disposé à faire un don? Il est intéressant de constater que certaines personnes se plaignent haut et fort auprès de leur entourage de l'aisance des politiciens, des managers, des banquiers ou des super riches. Souvent, dans les conversations sur Dieu, on me dit : « Vous savez, je ne crois pas en Dieu. Regardez donc, comment monsieur tel ou tel s'enrichit, en écrasant les autres. Malgré cela, il a de la chance, sans effort il gagne des quantités énormes d'argent, il n'est jamais malade et de toute évidence il deviendra aussi très vieux. Où est la justice dans cette affaire? Ma femme et moi travaillons six à sept jours par semaine. Mais cela ne suffit que pour de maigres distractions. C'est ça l'enfer, et les diables sont au ciel. Non je ne crois plus en un Dieu. »

Dans ces situations, j'aime bien répondre ainsi: « Oui, cette planète devient un enfer lorsque beaucoup de gens pensent comme vous. Plus vous éprouvez de l'envie, de la jalousie, de la malveillance ou même de la haine envers ces riches, plus vous attirerez pour vous-mêmes des énergies négatives qui sont autant de liens très puissants. Vous condamnez la richesse. Si vous n'autorisez pas les autres, ni vous-même à devenir riche, vous allez vous appauvrir et deviendrez de plus en plus amer. Réjouissez-vous plutôt de la richesse et de la réussite des autres. De toute manière, les riches auraient plutôt besoin de vos prières que de votre malédiction.

Car regardez ce que Jésus a dit à ce sujet : « **Ces riches qui n'ont pas de cœur pour les pauvres, ni pour ceux qui souffrent, sont les plus à plaindre. Car ceux-là ne seront jamais assis à la table du Père. Sauf s'ils montrent du regret et rendent aux nécessiteux tout ce qu'ils leur ont pris. Sinon, ils ne vivront plus sur cette terre que comme des animaux, afin qu'ils apprennent ce que signifient détresse et injustice** (Evangile selon Saint Jean, Lorber). »

Mais Jésus a aussi dit ceci, et beaucoup ne le comprennent pas : « **Celui qui a beaucoup recevra encore plus. Celui qui est pauvre perdra tout.** »

Cela s'entend sur le plan spirituel. Celui qui s'intéresse aux questions touchant à l'âme et se confronte à sa propre spiritualité, gagnera en spiritualité. A celui qui est pauvre spirituellement et ne croit qu'aux valeurs matérielles tout sera pris, même la foi en un Dieu existant réellement, parce qu'il n'aura pas exploité ses nombreuses potentialités. Le monde est plein de gens qui perdent leur foi en Dieu après une catastrophe naturelle, une famine ou une guerre. Personne ne veut vraiment comprendre que ces événements découlent des lois données par Dieu à la matière et par-là même à notre planète. Nous autres humains nous-mêmes mettons en mouvement les énergies de ces guides spirituels puissants que sont les éléments d'origine. De tels événements expriment de façon logique le rapport de cause à effet qui a cours à l'intérieur de la matière. Ce qui manque, c'est la compréhension de Dieu et de son action à travers tout ce qui existe. Mais également la compréhension de ce qu'est Dieu. Il n'est qu'amour. Dieu est Amour infini et tout-puissant, sans attentes, simple et sans condition. Prenons une image : c'est comparable au soleil. La lumière du soleil éclaire tout, ses rayons éclairent équitablement les « bons » et les « méchants ». Le soleil ne fait pas de différence, même si nous ne le remercions pas. C'est notre réflexion qui crée la différence.

Il brille effectivement plus souvent pour ceux qui l'aiment et l'appellent de leurs vœux. Grâce au rayonnement de l'amour divin sur tout ce que Dieu a créé, tout pour nous est réel. Aussi longtemps qu'il veut, Dieu conserve tout en vie. Il maintient liées entre elles les particules originelles qui constituent toute chose. Sans la volonté du Créateur, notre planète se dissoudrait en l'espace de quelques secondes et il n'en resterait même plus un grain de poussière. Seuls nous humains sommes persuadés, que toute matière (par exemple les rochers) est nécessairement solide. Pourtant, c'est une erreur.

Cela renvoie à l'illusion dans laquelle nous humains nous trouvons. Toute matière est mouvement, elle est vivante et en continuelle vibration d'un point de lumière à un autre; il n'y a aucune trace de matière solide ou même morte. Dans bon nombre des expériences que je relate, le destin matériel de beaucoup de nos semblables n'est souvent qu'illusion. Pourquoi ? Parce qu'ils ne savent pas lâcher prise vis-à-vis de l'aspect matériel des choses, pas plus qu'ils ne sont capables d'abandonner leurs propres constructions de pensée. La peur du supposé néant naît de l'ignorance. La plupart des hommes ne sont pas conscient du qu'ils n'ont pas besoin de ces choses qui les rendent justement malheureux (telles que la convoitise, l'arrogance, la peur de…, les contrariétés à propos de…) Ils ne savent pas qu'ils pourraient modifier les causes de tout ceci en commençant par perdre leurs habitudes de pensée. Lorsqu'une personne dit avoir du mal avec l'affirmation « Dieu tout-puissant», alors elle s'est certainement déjà posé différentes questions au préalable : « Qu'est-ce donc que Dieu ? Attend-t-il quelque chose de moi ? Dois-je me rendre toutes les semaines à l'église ? Comment puis-je le servir et m'aidera t-il alors, quand je serai dans le besoin ? »

Voici beaucoup de questions à la fois, mais considérons les choses du point de vue pratique : imaginez que vous êtes parent. Comment vous comportez-vous à l'égard de vos enfants dans les exemples suivants : vous vous trouvez dans la cuisine, une boîte de sucreries particulièrement appréciées de vos enfants se trouve dans l'armoire à provisions. Votre aîné s'approche et se place devant vous en sortant un billet de la poche de son pantalon. Il vous lit alors son souhait. Sans émotions particulières, il se commande un chocolat. A la fin l'enfant ajoute, à trois reprises : « Je suis un pêcheur et je ne suis pas digne de recevoir ce chocolat. »

Que se passera-t-il alors en vous ? Ne pensez-vous pas qu'il est maintenant complètement fou ? Ou êtes-vous contrarié, parce qu'il raconte quelque chose qui ne fait pas de sens, sans réfléchir ? Est-ce que vous n'aimeriez pas le secouer, si vous aviez le choix? Votre deuxième enfant arrive dans la cuisine. Il a du culot et il sait s'y prendre avec vous pour obtenir ce qu'il veut ;

ce qui, en plus, vous fait plaisir. Il s'approche, vous embrasse, se blottit contre vous et dit : « Maman, je t'aime tellement, j'aimerais du chocolat et je te remercie de m'en donner. »

Comment vivez-vous une telle situation? Lequel des enfants vous fait-il le plus plaisir ? Certainement celui qui vous aime de manière enfantine. Vous êtes peut-être contrarié par le premier. Qui sait ? Vous le trouvez peut-être même agaçant ou vexant. C'est seulement un exemple, l'occasion de vous demander ce que Dieu Notre Père et Créateur peut bien penser de toutes nos théories et prières prêtes à l'emploi. Pensez-vous qu'il s'en réjouisse un tant soit peu? Pas le moins du monde ! Et elles seront tout aussi répugnantes pour toutes les autres hautes entités spirituelles. Les prières préfabriquées, radotées du bout des lèvres, sans la moindre pensée, ni le plus petit sentiment personnels, doivent être pires pour Dieu que du fastfood. Mais il entend parfaitement chaque mot que nous lui adressons en toute confiance, du fond de notre cœur. Dieu n'est pas inaccessible, ni loin de nous. Non, il est en nous et il connaît chacun de nos souhaits. Il est tout ce que « je suis », toutes les particules originelles et chaque molécule. « Je suis » intégralement constitué de Lui. Personne n'est au-dessus de moi, sauf Dieu, et personne n'est en-dessous de moi. Chacun de nous est fait de Lui et nous avons tous de la même origine. C'est pourquoi nous avons tous la même valeur pour Dieu.

Nous sommes certes tous des individus uniques et libres, mais nous sommes tous frères et sœurs, issus de Dieu et constitués d'une seule et même matière. Il y a des gens qui me disent : « Quand je le lui ai demandé de me venir en aide dans mes prières, Dieu ne m'a jamais aidé. C'est la raison pour laquelle je ne crois plus qu'il existe. »

Je souhaiterais répondre ici par une parabole, comme le fit Jésus. Supposons qu'un de vos enfants fasse preuve d'hostilité à votre égard pendant des années et qu'il vous insulte continuellement comme parent. Dès que son âge le lui permet, il vous quitte. Il rompt le contact avec vous, vous rendant de ce fait encore plus malheureux. Vos autres enfants sont toujours près de vous. Ils vous manifestent leur sympathie et vous pouvez vous réjouir de votre vie. Le temps passe très vite. Dix ou vingt années plus tard peut-être, alors que vous vous êtes accommodé à la situation, votre fils prodige vous téléphone : « Allô papa ! Je vis aux USA et j'ai besoin de ton aide. Il me faudrait tout de suite 30 000 dollars. S'il te plaît, envoies-les moi tout de suite, sinon je dois aller en prison. »

Qu'est-ce-qui se passe alors en vous ? Vous avez quelques économies et vous voulez justement en faire cadeau à vos deux autres enfants, pour qu'ils puissent s'acheter un appartement. Seriez-vous immédiatement disposé à aider ce fils ? Ne pensez-vous pas que vous éprouveriez peut-être un sentiment désagréable envers les deux autres enfants qui demeureraient les mains vides ? Je peux très bien m'imaginer que le cœur lourd, vous donniez une réponse négative à votre fils, car vous vous sentiriez exploité. Et jusqu'à ce jour, il n'a jamais été content de vous. Alors vous vous dites qu'il n'a qu'à se tirer d'affaire lui-même et vous refusez. A peu de chose près, Dieu et sa kyrielle d'anges se comportent ainsi à notre égard. Tout repose sur la réciprocité, on ne doit pas se sentir obligé, si on n'en a pas l'envie. Nous humains avons aussi reçu notre libre arbitre de Dieu.

Mais, si je n'accorde pas de valeur, ni n'entretiens un amour ou une amitié, les liens se refroidissent et on se perd de vue. Un ami déjà oublié, n'accourra certainement pas, vingt ans plus tard, si je viens lui demander de l'argent. Un vrai ami, avec lequel j'ai entretenu pendant de longues années une amitié sincère, me viendra en aide sans réfléchir, parce qu'il sait que je l'aime. Beaucoup de mères me demandent : « Comment dois-je prier avec mes enfants. Dois-je invoquer les anges ou Dieu ? »

A mon avis, c'est comme si vous alliez remercier votre gouvernante ou votre femme de ménage, pour tout ce que vous avez reçu de vos parents dans votre vie. Chaque ange se comprend comme un serviteur de Dieu. Nos chers anges sont les serviteurs de notre Seigneur les plus aimants et fidèles (Père, Mère, Dieu.) Ils sont pur amour et sagesse divine. Le plus souvent, je vois deux anges se tenir aux côtés des hommes. Ils sont attribués à chacun par Dieu pour nous assister personnellement. Cependant, tout dépend de l'amitié et de l'amour que nous leur portons ; lorsque ces sentiments sont forts, les anges apparaissent plus grands et leur lumière est plus riche en couleurs que pour d'autres personnes. En revanche, certains ne sont presque pas décelables, tant ils se sont éloignés, parce la personne a voulu les maintenir à distance.

Pourtant, quand nous prions, nous devrions nous adresser directement au plus grand Créateur, qui est en nous, ainsi qu'à Jésus-Christ le fils de Dieu, qui est tout aussi proche de nous. Même si un grand nombre d'entre nous ont un accès plus facile aux anges, à cause de leur manque de compréhension de Dieu. Bien entendu, nous ne devons jamais oublier que les anges sont nos amis les plus fidèles. Ils nous aiment par-dessus tout, comme nous humains aimons nos enfants : sans condition. Quand nous souffrons, ils souffrent aussi. Malheureusement, le plus souvent ils n'osent pas intervenir. Pourquoi ? Parce que nous voulons souvent qu'il en soit ainsi ou parce que nous avons « commandé » qu'il en soit ainsi. Mais les anges fonctionnent aussi comme un filtre et ils annulent parfois des commandes que nous avons adressées consciemment ou inconsciemment à l'univers.

Pourquoi ? Parce qu'il est fréquent que certaines commandes puissent avoir des effets négatifs sur notre trajectoire de vie ou même la détruire. Malheureusement, nous humains ne savons pas qui nous sommes en tant qu'âme qui se trouve dans notre corps.

« Qu'est-ce que Dieu attend de moi ? » Cette question m'est souvent posée et la plupart d'entre nous se sont déjà trouvés confrontés à cette question fondamentale. J'ai presque envie de dire : rien du tout. Pourquoi ? Raisonnez donc à nouveau en tant qu'être humain. Qu'attendez-vous de vos enfants ou qu'attendent vos parents de vous ? Partons du principe que vous ne voulez pas détruire la vie de vos enfants par votre pensée malade et égoïste. Vous ne souhaitez certainement que bonheur et santé pour vos enfants, et tout le meilleur du monde. C'est bien notre plus grand bonheur de voir notre descendance grandir, être forte, indépendante et heureuse. Elle développe sa propre volonté et pensée, et se crée sa propre image de l'existence, qui ne doit pas être forcément la même que la nôtre. Si cela rend vos enfants heureux, vous aussi en serez certainement satisfait. Le même souhait s'applique au partenaire de votre fils ou de votre fille. Il ou elle n'est peut-être pas votre genre. Mais ce qui compte, c'est que votre enfant soit heureux.

Voyez-vous, moins vous faites intervenir vos propres intérêts, jugements ou désirs personnels dans la vie de votre enfant, plus vous serez léger et libéré. Vous êtes alors très près de vivre et de célébrer un amour sans conditions. Cela devrait être comme ça: nous devrions libérer nos enfants des représentations que nous nous sommes forgées ou de nos propres expériences. Elles sont valables pour nous, peut-être, mais elles ne le sont plus pour nos enfants adultes. Ce sont des adultes indépendants et plein d'énergie, des âmes avec leur propre plan de vie prêtes à faire leurs propres expériences. Je crois que Dieu « pense » probablement la même chose à propos de tous ses enfants, réellement et absolument pas de façon abstraite, mais avec tout son amour.

Je suppose qu'il ne se réjouit pas de tous, car il est triste de voir combien sont aveugles et combien souffrent. Mais c'est mon opinion personnelle, et je peux aussi me tromper. Soyez courageux et trouvez votre propre réponse à cette question. Au cours de telles conversations à propos de Dieu, on me demande généralement: « Croyez-vous en la réincarnation ou est-ce que nous ne vivons qu'une seule fois? »

Jésus a dit : «Les hommes sont à l'image de Dieu». Ainsi, en ce qui concerne notre ascendance spirituelle (âme et origine), nous sommes immortels, indestructibles et éternels. Dieu veut et peut s'incarner à travers nous. Il se réjouit de notre créativité et de notre évolution (lorsque c'est le cas.)

Seul l'arrêt de notre développement est pour nous synonyme de mort spirituelle. Nous pouvons évoluer dans toutes les directions possibles, car nous sommes complètement libres dans l'expérimentation de notre propre existence et de nous-mêmes. Dieu nous a donné la vraie liberté du fou. Bien sûr, nous pouvons et devrons en assumer les conséquences, sinon notre liberté n'aura aucun sens. Si nous voulons apprécier tous les effets de notre pensée et de nos actes, nous ne pouvons pas partir du principe que nous ne sommes présents qu'une seule fois ici sur terre. Pour nos karmas et énergies élémentaires, il n'y a pas de femme de ménage qui enlèvera les ordures que nous avons laissées derrière nous une fois notre existence terminée.

Si nous ne vivions qu'une fois, quelles saletés n'emmènerions-nous pas dans l'au-delà ! Et celles-ci souilleraient notre habit spirituel pour l'éternité? Certes, on dit que Notre Père nous pardonne tout. Logiquement, de par sa grâce, IL serait donc « l'homme de ménage ». Mais que retirerions-nous de cela ? Comment pourrions-nous nous développer si Notre Père assumait continuellement les conséquences à notre place à cause de son amour infini, universel et sans condition ? En outre, qu'arriverait-il aux innombrables âmes emprisonnées et à celles du bas astral, si nous n'avions qu'une vie ? Elles sont bien réelles. Et elles demeurent au niveau astral ou encore plus bas, jusqu'à ce qu'elles aient considéré les effets de leurs nombreuses mauvaises actions de la vie passée.

Dieu a tout planifié avec sagesse. Avec clairvoyance, il a tout orienté vers l'équité, l'expérience et l'évolution. En Suisse allemande, il est coutume de dire : « Si tu ne veux pas comprendre cela, alors tu reviendras sur terre. » Je trouve ça très intéressant et je me réjouis que cette tournure ait pu être conservée, même si dans notre pays la religion n'admet pas la réincarnation. A l'occasion de nombreux exposés, on me demande : « Comment dois-je prier afin que ce soit utile ? »

Tout dépend ici du lien que vous instaurez avec Dieu dans vos prières, de votre sincérité et de vos qualités de cœur. Cela ne peut pas fonctionner lorsqu'on rabâche n'importe quel texte préconçu ou bien si l'on quémande ou supplie. Pourquoi? Parce que Dieu nous a souvent montré, à travers l'exemple de son fils, que nous ne sommes pas des mendiants, mais que nous sommes ses enfants. Il semble sourd lorsqu'on lui demande l'aumône. Le mieux, c'est de faire un vœu pour quelqu'un ou pour vous-même et de remercier Dieu en même temps pour cela. Si votre demande n'est pas favorable aux personnes concernées, vous avez beaucoup de chance si vous avez été entendu. Lorsque je m'adresse à Dieu, j'éprouve aussitôt sa compassion. C'est comme lorsque mon propre père me prenait dans ses bras et me consolait, quand j'étais encore un enfant. Je le remercie de m'avoir donnée ce que j'ai toujours souhaité. Je le remercie aussi pour son amour en lui adressant le mien. De nombreuses personnes ont vu leurs plus grands souhaits exaucés de cette façon. Mais uniquement parce qu'ils y ont cru. Jésus a dit : « **Ta foi t'a aidé.** » Et également: « **Devenez comme les enfants et tout sera possible pour vous. De cette manière, vous ferez davantage que moi je n'ai accompli de tout temps.** » Il est sans doute fait allusion ici au moment où nous aurons pleinement intégré l'existence du Christ, accompli toutes les tâches que nous nous sommes fixées et où nous aurons effacé nos mauvaises actions.

Quand j'observe le monde et ses habitants, je me dis cependant que pour beaucoup cela va encore prendre du temps. Mais Dieu peut attendre. Il a créé le temps pour nous humains. Car ce que nous nommons « temps » n'existe pas dans l'au-delà.

Les prières suivantes doivent vous aider à développer de nouvelles pensées pleines de force. Ce ne sont pas des adjurations (prières de mendiants), elles confirment au contraire notre « moi » divin. Elles n'ont pas d'effet par une simple lecture. Non, vous devez être présent avec toutes vos pensées et tous vos sens. Laissez-vous inspirer par ces prières et créez vos propres invocations et prières de reconnaissance, suscitées par votre sentiment d'amour. Vous pourrez ainsi réveiller la part divine en vous.

2.1 Prière du matin

Père-Mère-Dieu, bien-aimée source, origine de tout ce qui est, je t'appelle. Je fais appel à toi, mon Sauveur Jésus-Christ, bien-aimé grand maître et guérisseur, fils de Dieu de la plus pure lumière. Tu me connais et tu m'aimes, pour cela je te remercie. Quand je pense à toi, mon cœur se réchauffe et je sens ton amour et ton attachement. Je vous appelle tous, vous bien-aimés anges de la lumière, de la joie et de la divine sagesse. Merci pour votre affectueuse étreinte et pour votre accompagnement. Dieu, je te remercie pour cette belle journée, pleine de lumière et de joie. J'accomplirai facilement ma tâche aujourd'hui, car je sais que tu es toujours avec moi et que je peux ressentir ton énergie pleine d'amour. Parce que je suis sûr que tu es tout, en moi et autour de moi ; ce qui fait de moi une partie inséparable de toi, depuis le commencement.

Bien-aimé esprit divin, guide-moi et préserve-moi d'erreurs et d'errements tout au long de la journée et de la nuit. Mon Créateur, fais rayonner mes centres d'énergie et mon aura comme la pure lumière divine du matin. Lumière qui habite toute chose, aide à ouvrir le cœur de tous les hommes par ton amour. Je te suis reconnaissant de pouvoir, grâce à ton amour, identifier tous mes anciens schémas, préjugés et peines que je vois dans le miroir que me tendent mes semblables et de pouvoir m'en libérer. Merci de faire que je sois capable aujourd'hui, dans cette vie, de me libérer de tous les anciens poids de la vie antérieure dont je n'ai pas conscience. Merci de me permettre d'être libre pour toujours. Bien-aimées énergies divines, je vous rends grâce parce que j'ai la chance de vivre sur cette terre paradisiaque en tant que créature et être libre. Je Suis celle/celui que je Suis ici et maintenant. Je vous aime. Amen

La prière suivante est particulièrement puissante, parce qu'elle exprime le vouloir et le pouvoir donner. Nos pensées créatrices, combinées avec notre sentiment d'amour créent des énergies magnifiques et vivantes. Elles deviennent ainsi un cadeau immense pour nos semblables. De plus, nous découvrons notre propre grande force. Elle réside dans notre don. Nous pouvons donner quand nous le souhaitons. Celui qui peut donner, reçoit aussi, car l'énergie de la plénitude circule dans les deux sens. Exercez-vous à la visualisation. Représentez-vous la personne à laquelle vous souhaitez envoyer de l'amour. Imaginez-vous simplement la merveilleuse et intense lumière colorée autour de la personne. L'effet se fait alors déjà sentir, parce qu'à ce moment vous utilisez le canal divin, consciemment. Par principe, évitez des formules telles que : « Père, je t'en prie, fais que mon enfant ne soit plus malade ! » ou « …que je guérisse. » Confirmez plutôt que votre enfant est parfaitement sain et sauf. Pour vous-mêmes aussi: remerciez pour votre santé et dites : « Je suis en bonne santé ! » (Je le suis).

2.2 Prière pour la journée

Bien-aimé Père-Mère-Dieu, source d'originelle de tout ce qui est. Je fais appel à toi, Jésus-Christ mon sauveur bien-aimé, grand maître et guérisseur parmi tous les hommes, fils de Dieu, plus pure des lumières. Je te remercie, car tu me connais et tu m'aimes. Quand je pense à toi, le chakra de mon cœur devient ardent et je sens ton amour et ton attachement. Je vous appelle tous, anges bien-aimés de la lumière, de la joie et de la sagesse divine. Merci pour votre étreinte affectueuse et pour votre accompagnement. Dieu, je te remercie pour cette belle journée, pleine de lumière et de joie.

J'accomplirai tout facilement aujourd'hui, car je sais que tu es toujours avec moi et parce que je peux ressentir ton énergie affectueuse.

Je m'enveloppe aujourd'hui de ta divine lumière protectrice (visualiser) *de couleur blanche, bleu roi et de couleur dorée divine.*

Je te remercie, bien-aimé Jésus-Christ, ta lumière d'amour rouge, venue de ton cœur et qui rayonne jusqu'à mon cœur, directement. Que ta lumière rose de l'amour m'enveloppe, moi et mon aura.

J'aimerais maintenant envoyer cette lumière rose de l'aura et la lumière rouge du cœur à d'autres. (Imagine comment le faisceau ou la flamme rouge se diffuse depuis leur cœur et comment ils rayonnent dans la lumière rose de ton amour).

J'aimerais envoyer cette énergie d'amour à:
mes enfants
mes parents
mes amis
mes collègues de travail
aussi aux défunts
(toujours les appeler par leur nom)

Je te remercie Dieu et toi, Jésus-Christ bien-aimé, comme vous tous, anges bien-aimés et pures créatures de lumière. Eclairez aujourd'hui mon chemin, que j'emprunte plein de joie et de légèreté.

Je rends grâce pour ma plénitude et ma joie. C'est ainsi. Je Suis celle/celui qui je Suis, Ici et Maintenant. Amen

2.3 Prière du soir

La prière du soir traite notre purification. Libérons-nous tous les soirs des éléments (schémas de pensées limitatifs) que nous avons créés tout au long de la journée sans nous en apercevoir. Le fait de s'envelopper dans la lumière violette qui protège est très efficace, si vous la visualisez. Bien sûr, les anges vous soutiendront jusqu'à ce que vous maîtrisiez la visualisation. Vous percevrez protection et amour autour de vous et vous passerez une bonne nuit.

Je t'appelle, Père-Mère-Dieu, source originelle de l'amour, toi et ton Fils-Dieu-Jésus humain. Je voudrais te remercier pour tout ce que j'ai pu vivre et apprendre aujourd'hui. Je veux te remercier parce que je suis sain(e) et sauf(-ve) et que mon corps est l'expression de ton amour divin. Je vous appelle, vous, chers anges d'amour et de pureté divine, de vérité et de sagesse. Je vous remercie pour votre secours et pour l'amour sans condition qui toujours émane de vous. Je t'en prie, toi grand ange au rayon violet, enveloppe-moi de ta puissante lumière violette. Que ta lumière bienfaisante dissolve toutes les énergies, pensées et faits négatifs d'aujourd'hui que je regrette. Je les abandonne à la lumière et les y dissous. Je t'en prie, étends ta lumière divine violette dans toute la pièce, sur l'ensemble de la maison, sur ce terrain et dans tout le quartier. Que ta lumière divine me protège, ainsi que tous les miens, des énergies qui pourraient me nuire et leur nuire pendant la nuit. Je vous remercie, chers anges de lumière, emmenez-moi dans vos sphères de lumière, pour que mon âme puisse s'y ressourcer et se remettre. Je vous rends grâce et je vous aime, bien-aimées créatures divines. Je dors d'un sommeil profond, à demain. Merci. Amen

3. Prières d'amour et de joie

A présent je veux vous faire cadeau de quelques petites prières, et vous amener à laissez sortir de votre cœur vos propres invocations. Quand cela me «vient» complètement spontanément, je sais que c'est l'amour de Dieu qui m'inspire. Malheureusement, de nombreuses personnes n'osent pas s'adresser directement au divin qui est en chacun de nous. C'est justement pour cette raison que j'aimerais vous inciter à le faire.

Notre Seigneur ne veut pas être adoré. C'était d'ailleurs le cas lorsqu'il avait emprunté une forme humaine, celle de Jésus-Christ. Marie, sa mère, avait également fait part aux médiums du fait qu'elle n'aimait pas du tout être vénérée ainsi. Elle déclarait qu'une véritable idolâtrie s'était instaurée à son propos. Et se plaignait du fait que les hommes avaient carrément oublié qu'elle est seulement la mère de Dieu fait homme. Bien qu'elle soit une âme très pure, elle ne peut être comparée à son fils Jésus qui lui seul est l'Etre suprême sous forme humaine. Donc, Dieu comme esprit en Jésus, la source originelle en Jésus en tant que Christ.

La vraie prière n'a pas pour but d'adorer Dieu, mais de créer en toute conscience une relation avec ce dernier car ce n'est qu'en pratiquant de la sorte que je peux vraiment me reconnaître en Dieu. Une citation de l'Evangile selon Saint Jean transmise à Jacques Lorber au 19ème siècle (voir volume 9) clarifie quelque peu les choses.

Jésus dit à ses disciples à Jéricho: « **Est-ce que la volonté pure de Dieu dans l'homme est un peu moins une volonté divine qu'en Dieu lui-même? Et est-elle moins puissante si elle est indépendante que lorsqu'elle est en Dieu ? La volonté de Dieu est partout. Elle est donc également présente en l'être humain et y agit en permanence. C'est pourquoi tout être humain véritable doit être et est complet, comme l'est également le Père dans les cieux. Si l'homme est cet être accompli, n'est-il pas, alors, aussi un maître plein de sagesse, puissant et fort?! »**

Nous avons ici la preuve à nouveau, chers lecteurs, que nous valons bien davantage que ce que nous pensons. La valeur qui est la nôtre et que nous ressentons comme telle, nous pouvons la redistribuer pour exprimer notre gratitude et dispenser notre énergie d'amour en la faisant rayonner de notre être. Car quiconque sème l'amour en reçoit au centuple. Chaque prière est un dialogue avec l'esprit suprême de l'amour. Parfois, il est facile d'en réciter une, parfois c'est plus difficile. Tout dépend comment nous sommes disposés. C'est pourquoi chacune de ces quatre prières possède, par le choix des mots, «un code d'accès» à notre cœur.

Amour

Bien-aimé Dieu de la lumière et de l'amour en moi et dans tout ce qui est. Je t'invoque et te remercie de me permettre de vivre ici sur cette terre et à cette époque. Je te rends grâce car je suis en bonne santé d'un point de vue physique, psychique et spirituel. C'est magnifique de ressentir ton pur amour dans mon cœur. Cette plénitude est merveilleuse: je peux et veux, grâce à elle, transmettre ton amour aux autres.

Sans ce sentiment d'amour, que serais-je à mes propres yeux, vis-à-vis de mes semblables, des animaux et des plantes? Une coquille vide? Je te suis reconnaissant de m'épargner cette peine. Je suis très content de ne pas être seulement une partie de l'ensemble. Mais d'être en toute conscience un fragment de toi et de ton immense amour absolu. Je suis amour, en toi. Amen

Etre éternel

Cher Père créateur - Mère divine en moi, je t'appelle. Je veux te rendre grâce pour cette belle journée emplie de lumière. Je suis autorisé à voir, à entendre et à sentir comment tu es et comment tu agis en moi et en toute chose. Je me réjouis de la beauté et de la diversité des animaux et des plantes. Merci, pour cette vie-ci dans ce corps, mais encore bien davantage pour la vie éternelle de mon âme avec toi dans la béatitude de tes nombreux cieux. Je t'aime. Amen

Jésus

Cher Sauveur, Jésus-Christ, je t'appelle pour te remercier pour le grand amour que tu représentes et qui rayonne en moi. Quand je pense à toi ou quand je fais appel à toi, je sens que mon cœur se réchauffe. Je sais ainsi que tu es toujours en moi et je te rends grâce pour cela. Je t'en prie, prends moi sous ton aile. Aide-moi pour que je ne me trompe pas et que je ne me laisse pas induire en erreur. Donnes-moi clarté et courage, afin que je prenne le meilleur chemin, celui qui mène droit au but de l'éternelle paix intérieure et de la vérité divine. Amen

Fleuve d'amour

Bien-aimé Père-Mère-Dieu en moi, je t'appelle, avec tous tes anges de lumière et d'amour. Je sais que ton flot d'amour est indiciblement grandiose et fort. Tes entités de lumière sont la preuve de l'existence de ton fleuve d'amour.

Je ressens ton énergie d'amour en moi et tes anges autour de moi. Je te rends grâce pour ces magnifiques relations qui me font ressentir la plénitude de ton amour. Grâce à cela, je me sens constamment relié avec toi, source originelle de l'être. Amen

Prière avant le repas

Père-Mère-Dieu, créateur de tout ce qui est, je te rends grâce pour tous les cadeaux que tu nous offres. Un grand merci pour cette nourriture emplie de lumière de couleur vive émanant de notre très affectionnée Mère la Terre. Elle nous nourrit si fidèlement. Seigneur bien-aimé, bénis ce que nous allons manger par la lumière de ton amour. Je te remercie, magnifique âme animale de t'être offerte pour nous nourrir. Je te remercie de nous fournir toujours de la nourriture en quantité suffi-sante. C'est également ce que nous souhaitons à tous les autres êtres humains sur cette terre. Amen

Pour les végétariens

Père-Mère-Dieu, créateur de tout ce qui est, je te rends grâce pour tous les cadeaux que tu nous offres. Un grand merci pour cette nourriture emplie de lumière de couleur vive émanant de notre très affectionnée Mère la Terre. Elle nous nourrit si fidèlement. Seigneur bien-aimé, bénis ce que nous allons manger par la lumière de ton amour. Je te remercie de nous fournir toujours de la nourriture en quantité suffisante. C'est également ce que nous souhaitons à tous les autres êtres humains sur cette terre. Amen

Notre eau potable issue du robinet perd malheureusement l'impulsion première qu'elle possède au moment du jaillissement de la source, et ceci proportionnellement à la durée de son conditionnement dans des citernes, des réservoirs ou justement dans des conduits. Elle perd pour ainsi dire sa «conscience vitale». Cependant l'eau du robinet est bien meilleure que la pseudo eau minérale achetée en bouteille. La haute teneur en minéraux disparaît littéralement lors du dégazage pour la mise en bouteilles dans les usines. Ou bien auriez-vous déjà remarqué une auréole de calcaire bien visible sur votre verre d'eau minérale? Ce n'est pas possible, il ne peut pas y en avoir, parce qu'elle ne contient pratiquement plus de minéraux. Vous-même avez cependant le pouvoir, par votre volonté et votre amour, de transformer toute eau. Il est néanmoins préférable d'opter pour de l'eau du robinet, car elle n'a pas été «assassinée».

Comment procéder

Quand vous laissez couler l'eau dans une cruche ou dans une bouteille, dites à haute voix et distinctement: ***Chère Eau, je t'aime, je te rends grâce, tu me fais du bien.***

Vous remarquerez qu'après environ une demi-heure, des bulles se forment dans la cruche. Le goût de l'eau lui-même se modifie pour devenir meilleur. Cette courte invocation adressée à l'eau agit de façon visible et active. Car ce que votre volonté est toujours plus forte que la matière, puisqu'elle est reliée à l'âme. Il existe pourtant des niveaux d'action plus élevés que notre simple conscience de pouvoir modifier eau et nourriture. Il s'agit de bénir toute chose avec l'aide de l'Esprit divin. Quand vous vous serez adressé à l'eau ou aux aliments comme précédemment, vous pourrez ensuite ajouter à haute voix:

Bien-aimé Dieu et Créateur de tout ce qui est, je te prie pour ta lumière intense et ta bénédiction. Rends cette eau comme tu l'avais conçue, qu'elle soit la meilleure des eaux, qu'elle garde les humains en bonne santé et même les guérisse. Je te rends grâce pour l'amour que tu me témoignes. Amen

4. Libération d'âmes humaines et animales emprisonnées dans des maisons

La libération peut être faite de manière optimale lorsque nous connaissons la pièce où s'attardent les âmes prisonnières, les trouble-fêtes ou encore leurs composants élémentaires. Il s'agit la plupart du temps de pièces, de chambres ou d'endroits, où se produisent des bruits singuliers, des courants froids ou des courants d'air ou des phénomènes de ce type ; ce sont peut-être aussi des endroits où l'on ne se sent jamais vraiment à l'aise. Des lieux dans la maison où l'on a froid dans le dos ou dans lesquels on a toujours la chair de poule. Ces choses peuvent soit se produire de manière durable, soit se manifester à des intervalles réguliers qu'il serait bon de remarquer. Ces sensations sont perceptibles uniquement à travers les champs de notre aura. Selon les qualités de ces âmes, ou selon l'expression de sentiments et de souffrances de la part de l'âme attachée à la terre, ce qui est ressenti peut aller du beau, de l'agréable jusqu'à provoquer une forte peur. Toutefois, la grande majorité des gens est trop peu sensible pour pouvoir percevoir ou ressentir de telles choses. Ce qui ne signifie pas pour autant que la pièce n'est pas remplie d'âmes astrales, ni qu'il n'y ait pas plusieurs formes de perception des âmes dans l'aura ou dans une partie de la conscience humaine.

Dans la pièce où se trouve le trouble-fête ou avec la personne qui en est la victime, vous prenez la ferme résolution que vous voulez et pouvez exécuter cette libération. Et il convient de procéder avec gentillesse et sensibilité, en assurant ces créatures remplies de peur de notre bienveillance et de notre secours.

Certaines âmes attachées à la terre se conduisent de façon très grossière, mais elles sont le plus souvent apeurées et elles ne se sentent pas en sécurité. Il est évident pour chacun de nous que nous pouvons qu'agir avec notre intelligence et notre force mentale (volonté) face à ces créatures invisibles pour nous. Mais la chose ne sera pas réglée par le simple fait de leur donner tout notre amour, ni parce que nous y mettrions toutes les émotions de notre cœur, ni en les flattant excessivement ! Nous avons besoin du soutien de l'amour infini de Dieu, de l'aide des archanges et de leurs légions célestes et de nos nombreux anges et guides spirituels. Le crépuscule semble être le moment idéal. Pour commencer, allumez une ou plusieurs bougies. Puis, adossez-vous contre un mur ou asseyez-vous sur une chaise solide et confortable. N'oubliez pas que chaque mot et chaque phrase sont liés à votre volonté. Lire simplement le texte ne sert à rien du tout, car personne ne vous prendra au sérieux. Nous prions et parlons d'une voix forte et déterminée :

Bien-aimé Dieu en moi et en tout ce qui est, source d'amour, lumière et joie, de toute mon âme, je t'appelle à l'aide, toi et Jésus-Christ, ici et maintenant. Je prie tous les saints anges divins, archanges et guides spirituels de se manifester. Toi avant tout, bien-aimé et grand archange Michel, qui reconduis les âmes perdues dans leur foyer. S'il te plaît, emplis cette pièce, cette maison de ta divine et sainte lumière de couleur blanche, bleue et or, avec le rayon protecteur violet et enveloppe-la de lumière violette. S'il te plaît, emplis ce bâtiment de cette lumière éblouissante jusqu'à la surface et aux tréfonds de notre terre nourricière. Que la lumière protectrice enveloppe toute chose, et nous avec, afin qu'il n'y ait ni ombres, ni recoin où les choses obscures puissent se cacher. Nous te prions, bien-aimé Dieu-Ami qui es en nous, laisse toujours briller et agir cette lumière pour qu'elle nous protège et nous aide. Toi, cher archange Michel, prends par la main ces âmes perdues, achève leur temps de souffrances et conduis-les loin de leur piteuse existence. Aide-les à se détacher des faux modèles et des idées reçues. Libère-les de leur peur de l'avenir, de leur peur de la mort.

Maintenant, je m'adresse à toi, âme. Ou plutôt à vous, nombreuses âmes errantes qui êtes ici sans savoir ce que vous faites là, ni ce que vous provoquez. Vous n'avez sans doute pas remarqué que, du point de vue de la vie terrestre, vous êtes des êtres morts, errants dans un espace intermédiaire hors du temps. Vous êtes encore attachées à la terre, vous y êtes prisonnières.

Aujourd'hui, nous sommes le 30 janvier de l'an 2014 (vous pouvez donner la date exacte). *Vous n'avez sans doute pas remarqué que vous nous avez quittés et que physiquement, vous n'êtes plus en vie. Si vous êtes encore retenus ici, c'est à vous-même que vous le devez, ou à votre comportement dans vos vies antérieures. Soit vous n'avez pas cru à une vie bienheureuse ultérieure, ou bien on vous a dit qu'il n'y a rien d'autre. Le pouvoir de vos propres pensées vous maintient dans cette réalité trompeuse fait obstacle à votre passage dans la lumière et dans la joie. A chaque instant vous pouvez revenir vers votre âme d'originelle, il faut seulement que vous abandonniez ces pensées qui vous en empêchent. Libérez-vous de tous vos sentiments de culpabilités et de vos peurs. Vous êtes libres. Jamais personne ne vous punira. Surtout pas notre Dieu bien-aimé. Sentez-vous libre. Suivez ces guides de lumière spirituels bien-aimés. Ils vous emmèneront loin du fardeau qui vous tourmente encore maintenant et qui est aussi notre tourment. C'est la loi éternelle de la cause et de l'effet. Nous vous pardonnons. Nous vous libérons. Nous prions pour vous et nous vous aimons. N'ayez pas peur, allez dans la lumière au nom de Jésus-Christ, notre Frère et notre plus grand Sauveur. Vous êtes libres. Sentez comme votre cœur est léger et déborde de chaleur et de joie. Afin de vous débarrasser de vos sentiments de culpabilité, je vous (ou te) propose encore une tâche très importante à accomplir. Aidez les autres âmes qui se trouvent dans une même situation en utilisant les mêmes paroles et par pur amour.*

Conservez ce sentiment de bonheur. Je prends maintenant congé de toi et de vous. Divins anges de l'amour et énergie de lumière, je vous remercie. Mais avant tout, je te rends grâce, Dieu d'amour. Amen

Marche à suivre, étape 2

S'il devait s'avérer que quelqu'un est toujours présent dans la maison ou s'accroche encore à une personne, alors il faut répéter ce rituel jusqu'à ce que les choses rentrent dans l'ordre et que la tranquillité soit revenue. Il se peut aussi qu'une âme délivrée revienne après un certain temps ou qu'elle ne fût pas vraiment partie. Il faudra se montrer plus ferme et déterminé avec cette âme. Si vous percevez cette âme dans la pièce ou autour de la personne, dites par exemple: « ***Vas-t-en enfin, n'as-tu pas encore compris que tu es mort ? Vas-t-en enfin.*** »
C'est une pratique plutôt désagréable pour lui faire savoir que nous le la voulons plus comme hôte indésirable. Il se peut également que de nouvelles arrivent, qui auraient remarqué que des personnes chaleureuses et de compassion habitent là ; des gens aimants qui leur viendraient certainement en aide. Si c'est le cas, acceptez cette mission avec gratitude et aidez-les. Cependant posez vos conditions en disant par exemple : « ***D'accord, je vous aide. Aujourd'hui je n'en ai pas le temps, mais samedi. Tenez-vous tranquilles et soyez aimables, ne m'importunez pas, ni ma famille.*** »
N'oubliez pas que tout ce que vous donnez de bon cœur vous est rendu avec un bénéfice.

5. Libération des âmes astrales

Dans la pratique, après une libération, les anciennes victimes sont très souvent complètement soulagées et ressentent une forte amélioration. Mais il arrive aussi fréquemment que ces personnes reviennent après un certain temps, accompagnées de leurs vieux maux et de leurs souffrances. Qu'est t-il donc arrivé ? La plupart du temps, nous ne savons pas dans quel état se trouvait une âme et pourquoi elle est restée attachée à la terre. Malheureusement, dans la majorité des cas, elle a elle-même été contaminée ou possédée. Que se passe-t-il quand nous aidons une âme à s'en aller ? Où va-t-elle alors ? Où vont tous ces êtres astraux? La plupart du temps, elles restent à proximité, en aucune façon elles ne savent ce qui vient de se passer. Souvent, elles ne sont que des parties de conscience issues du bas astral et elles sont ici en groupes. On ne peut pas toujours bien les reconnaître, parce que leur énergie ne suffit pas pour une incarnation fluide. Le plus souvent, elles prennent la forme de figures grotesques fantoma-tiques ou de parties de corps. Souvent, elles ne sont pas éveillées et se trouvent dans un état de transe ou une sorte de somnambulisme. Suivant le niveau astral d'où elles viennent, elles peuvent réagir fortement à nos sentiments et émotions. Elles se nourrissent et tirent leur force d'eux. En plus, le rayonnement de nos énergies élémentaires les attire. Imaginez-vous que vous êtes une station de radio qui émettrait constamment des restes de vieux schémas et ou de méfaits. C'est bête, mais vous-même ignorez que vous émettez sans interruption. Oui, vous ne savez pas du tout qui vous avez été et ce que vous avez fait dans vos vies antérieures. C'est pourquoi il est absolument nécessaire que vous vous libériez de tout cela aussi vite que possible. Ce pourquoi : prenez les textes en faveur de la libération des karmas et des éléments (chapitre 8 et 9) et pratiquez-les intensivement, jusqu'à ce que vous vous sentiez plus libre. Ici nous avons un besoin accru du soutien divin. Car seuls, nous n'avons que notre volonté et nous ne sommes, pour ainsi dire, que l'organisateur du voyage.

5.1 Prière pour la libération des âmes astrales

Dieu bien-aimé en moi et dans tout ce qui est, Source de l'amour, Lumière et Joie, mon âme t'appelle à l'aide, toi et Jésus-Christ, ici et maintenant. Je prie tous les divins saints anges, archanges et guides spirituels de venir ici, toi avant tout, cher grand archange Michel, qui reconduis à la maison les âmes perdues. S'il te plaît emplis cette pièce, cette maison de ta divine, sainte lumière de couleur blanche, bleue et or et de ton rayon protecteur violet. S'il te plaît, emplis ce bâtiment de cette lumière étincelante jusqu'au fond et à la surface de notre Mère la Terre. Cette lumière protectrice doit tout envelopper, et nous avec, afin qu'il y ait ni ombre, ni endroits où des silhouettes pourraient se cacher. Nous te prions Dieu – Joie bien-aimé en nous, laisse toujours briller et agir cette lumière, afin qu'elle nous protège et nous aide.

Cher archange Michel, réveille maintenant ces parties d'âmes ou ces êtres astraux et traduis pour eux ce que j'ai à leur dire. Puis prend ces créatures perdues par ta main et conduis-les loin de leur piteuse existence et met fin à leur temps de souffrances. Aide-les à se détacher de leur fausse idées et modèles. Libère-les de la peur de la mort et de l'avenir inconnu.

Maintenant, je m'adresse à vous, nombreuses parties ou fragments d'âmes d'un temps ancien, qui êtes là : vous êtes prisonnières de vos propres pensées et actes, sans savoir ce que vous faites et provoquez.

Du point de vue sur terre, vous êtes des êtres morts. Vous vous trouvez dans un espace intermédiaire hors du temps. Vous vivez dans le monde astral. Vous n'avez sans doute pas remarqué que vous nous avez quittés et que physiquement, vous n'êtes plus en vie. Vous et vos semblables qui vous baladez sur notre planète et tourmentez beaucoup de monde, savez-vous seulement ce que vous êtes en train de faire? Vous incommodez et faites souffrir des êtres humains, mais ce que vous infligez aux autres renforce votre propre souffrance et peines. Cessez tout cela immédiatement et détachez-vous de ces vieux modèles et de ces vieilles pensées. Apprenez que partout dans les univers est valable la loi de la cause et de l'effet. Vous avez violé plusieurs lois et désobéi aux principes divins.

Vous ne vous êtes sans doute pas aimé vous-mêmes, mais alors qui pourra bien vous aimer et vous comprendre un jour? Pardonnez à vous-mêmes et à tous ces autres dans lesquels vous aviez vu des adversaires ou des ennemis. Apprenez à vous accepter et à vous aimer. Suivez ces aimables créatures de lumière qui se montrent à vous, allez dans un endroit qui vous convient mieux et où vous retrouverez votre chemin. Là, vous serez instruits et informés. N'ayez pas peur.

Si vous êtes encore retenus ici, c'est à vous-même que vous le devez, ou à votre comportement dans vos vies antérieures. Soit vous n'avez pas cru à une vie bienheureuse ultérieure, ou bien on vous a dit qu'il n'y a rien d'autre. Le pouvoir de vos propres pensées vous maintient dans cette réalité trompeuse fait obstacle à votre passage dans la lumière et dans la joie. A chaque instant vous pouvez revenir vers votre âme d'originelle, il faut seulement que vous abandonniez ces pensées qui vous en empêchent. Libérez-vous de tous vos sentiments de culpabilité et de peur. Vous êtes libres. Jamais personne ne vous punira. Surtout pas notre Dieu bien-aimé. Sentez-vous libre. Suivez ces guides de lumière spirituels bien-aimés. Ils vous emmèneront loin du fardeau qui vous tourmente encore maintenant et qui est aussi notre tourment. C'est la loi éternelle de la cause et de l'effet. Nous vous pardonnons. Nous vous libérons. Nous prions pour vous et nous vous aimons. N'ayez pas peur, allez dans la lumière au nom de Jésus-Christ, notre frère et notre plus grand Sauveur. Vous êtes libres. Sentez comme votre cœur est léger et déborde de chaleur et de joie. Gardez ce sentiment de bonheur. Je prends maintenant congé de vous. Divins anges de l'amour et énergie de lumière, merci. Mais surtout, je te rends grâce, Dieu, Amour infini, Ami en moi et je te remercie Jésus bien-aimé. Ainsi soit-il. Amen

5.2 Purification des énergies négatives dans l'aura

En réalité, nous sentons tous quand il y a quelque chose autour de nous qui nous influence ou nous modifie. L'être humain est fréquemment irrité, « hors de soi », est colère, ou frustré. Mais il est aussi souvent triste et abattu, sans qu'il sache vraiment pourquoi. Dans ces circonstances, une attaque d'énergies astrales négatives a presque toujours eu lieu. Elle peut même se traduire par des douleurs ou une migraine.

Afin d'y remédier, je conseille une courte prière de libération, en quelque sorte comme mesure préventive. De toute manière, elle ne peut pas faire de mal. **Elle est particulièrement efficace lorsque l'atteinte est inférieure à 24 heures. Veuillez réciter à voix haute plusieurs fois par jour :**

Courte prière de délivrance des énergies astrales de son propre corps

Je t'appelle à l'aide, cher Sauveur Jésus-Christ et toi aussi, bien-aimé archange Michel. Cher ange viens, et avec ton épée de lumière, tranche et sépare de moi toutes ces énergies négatives qui me tourmentent. Je t'en prie, purifie mon aura, de même que toutes les cellules de mon corps.

Je te remercie, cher Sauveur Jésus-Christ, lumière en moi. Je suis libre et je le resterai à tout jamais. Je te remercie, bien-aimé archange Michel. Merci aussi à tous mes chers anges pour votre protection. Amen

Ces énergies des mondes astraux sont les plus répandues, elles s'accrochent aux humains et aux animaux. Ce sont des énergies pesantes, négatives. Même une personne qui n'est pas clairvoyante peut les ressentir. La plupart des gens ressentent quelque chose d'incommodant autour d'eux sans savoir de quoi il s'agit. Pour ma part, je les considère comme des nuages obscurs et parfois même comme des entités grotesques dans l'aura des humains. Elles proviennent de pensées viles, c'est-à-dire des côtés négatifs des êtres humains vivants, mais aussi décédés. Elles se développent au travers des pensées, des mots et des faits négatifs. Il s'agit en quelque sorte de « déchets immatériels». Ce sont des énergies extrêmement négatives. Pour nous en débarrasser, nous devons procéder autrement qu'avec les âmes des défunts, à savoir plus sévèrement ou plus durement. Elles se fixent à nous comme de la saleté collante et en font de même avec les morts (âmes attachées à la terre). Beaucoup ignorent que plus elles sont fortes ou basses (méchantes), plus elles sont au service des grands maîtres de l'ombre. Ces éléments astraux sont une cache idéale pour la perfidie et la tromperie. Ils sont presque toujours les ambassadeurs du diable, ou pour le dire plus simplement, ils sont à son service.

Lorsque nous sommes en contact avec de telles énergies nous devons choisir : noir ou blanc, une voie ou l'autre. Cela signifie que pour garder une âme pure et intacte, je dois constamment batailler, consciemment et avec toute ma volonté, du fond de mon être et dans tous mes actes. Si je laisse pendant un certain temps traîner des énergies grises autour de moi, je ne dois pas m'étonner, si subitement, d'un jour à l'autre, je broie du noir. A vrai dire, je dois à chaque instant de ma vie être aux petits soins avec mon âme, comme une maîtresse de maison, qui jamais ne laisserait entrer un chien méchant, tourmenté par des puces dans sa maison. Il tentera bien sûr de revenir par tous les moyens, et vous lui jetterez alors des pierres, ou autre chose. Pourtant, dès que possible, celui-ci reviendra dans vos parages dès que vous aurez le dos tourné.

Cette parabole doit vous faire comprendre comment les ténèbres opèrent. Le monde de l'ombre connaît mieux nos faiblesses que nous-mêmes. Il vous suffit de lâcher un peu de lest et vous voici livré aux ténèbres pieds et poings liés, sans même que vous ne l'ayez remarqué. Voilà comment vous pouvez être pris au piège et perdre la conscience de votre âme dans cette vie. Vous ne serez rattrapé par cet éveil négatif et la tristesse due à cette séparation qu'après votre mort.

Cela peut arriver à chacun de nous. Ainsi, les médias sont utilisés comme des instruments par les ténèbres. Beaucoup d'humains sont séduits par la télévision, ils se laissent mener par le bout du nez et finissent par s'éloigner d'eux-mêmes, ce n'est un secret pour personne. Les adolescents sont eux «pollués» par les musiques aux vibrations négatives qu'ils écoutent (je parle volontiers de «musique de monstres»). C'est une honte pour un organisateur de concerts (par exemple pour l'Eurovision) d'autoriser un tel rebut de vampires. En fait ces «responsables» ne sont absolument pas conscients de leur responsabilité. A moins qu'ils ne soient déjà au service de la grande puissance des ténèbres? Combien de ces adolescents encore instables auront la force de se défendre en toute conscience contre ces mauvaises vibrations après avoir consommé une telle musique? Puisque des millions de leurs semblables y assistent sans broncher et trouvent cette musique tout à fait normale. Nous devons ici nous interroger en tant que consommateurs, en tant que parents, mais aussi en tant que politiques: ayons le courage de débarrasser les programmes de télévision de toute violence et des contenus négatifs. Nos enfants nous en seront un jour reconnaissants.

Lorsque nous libérons des personnes humaines de ces éléments négatifs, nous devons savoir que ces derniers n'ont pas conscience de notre présence physique ; ils ne peuvent donc pas nous comprendre. Ce sont des nuages d'énergies négatives, qui se répandent comme «par télépathie». Une pensée télépathique, appelons cela ainsi, ne sait pas qui ou ce qu'elle est, et encore moins d'où elle vient. Mais elle entre en résonance avec nous, et c'est pourquoi elle opère !

Cela ne signifie rien d'autre que cela: soit nous portons en nous ces énergies négatives, soit il existe déjà un lien karmique entre elles et nous ; il s'agit là des deux moyens d'attirer à nous ces énergies astrales négatives et d'en être victimes.

Marche à suivre

Si je veux délivrer ou libérer une personne qui m'a autorisé à l'aider, je me mets debout tout près d'elle et je pose mes mains sur ses épaules. Si la personne est couchée, je pose mes mains sur son buste. En procédant de la sorte, la puissance et l'influence sont immenses, parce que je place en quelque sorte mon aura intacte et pure par-dessus celle de l'autre. Cette présence personnelle et cette proximité contraignent l'énergie négative à réagir. Je prononce ensuite la prière suivante à voix haute et avec beaucoup de conviction.

6.1 Délivrance des basses énergies astrales chez l'homme (ou chez l'animal)

Bien-aimé Dieu créateur et Jésus-Christ en moi et en toute chose, je t'appelle. J'appelle aussi les anges de pure lumière et d'amour. Purifiez et libérez cette chambre et cette maison. Que la lumière passe des fondations jusqu'au toit, à travers tous les matériaux, afin qu'aucun élément négatif ne puisse s'y cacher.

Je t'appelle cher archange Michel, aide-nous. Sois notre traducteur et emmène loin d'ici toutes ces énergies négatives. Je t'en remercie.

Maintenant je m'adresse à vous, basses énergies négatives qui vous accrochez à cet humain. Vous êtes des saletés ou même des énergies négatives programmées d'êtres qui sont décédés ou peut-être en vie. Vous ne savez pas qui vous êtes, ni d'où vous venez. Vous êtes issues de la part sombre d'êtres humains qui ont pensé, parlé et agi sans amour. Cela a fait de vous des saletés de la pire espèce.

Ce que vous faites ici est tout le contraire de l'amour et cela viole la loi divine de la liberté de notre âme. En tant que porte-parole de cette personne, j'exige sa libération !

Je ne discute pas avec vous, car vous venez des ténèbres. Je ne rends pas le mal pour le mal. Je vous somme de quitter … (nom de la personne) *immédiatement.*

Vous allez retourner auprès de vos créateurs, et je vous enveloppe maintenant de la lumière bienfaisante de l'amour, afin que même là-bas, les ténèbres soient moins fortes. Bien-aimé Sauveur Jésus-Christ, je t'en prie, envoie-moi ta divine lumière d'amour, afin que j'en enveloppe ces nuages sombres.

(Visualisez et ressentez maintenant comment vous laissez émaner sur la personne et son aura la chaude lumière rose de l'amour qui sort de votre cœur. Si vous êtes trop incertain, alors demandez au Sauveur de le faire à votre place.) **Terminez la libération par les paroles suivantes :**

Au nom de Jésus-Christ, je vous ordonne de disparaître. Retournez d'où que vous êtes venus. Vous n'avez plus le droit d'incommoder ni un humain, ni un animal. Bien aimé Créateur-Père-Mère Dieu, ancre solidement et renforce la lumière de l'amour chez ... (nom de la personne.) Que tout son corps, ses cellules et ses molécules soient purifiées des impuretés et des dépôts de ces basses énergies. Rend son aura forte et pure, afin qu'elle perçoive si quelque chose de nuisible s'approche d'elle. Protège-le/la, pour qu'il/elle puisse réaliser son plan de vie et aide….. (nom) à venir à bout de ses tâches, mais aussi à franchir les obstacles avec confiance et légèreté ! Car seul toi, Dieu, tu es en nous la Force, la Lumière et l'Amour. Je t'aime et je te rends grâce. Amen

6.2 Prière de libération des énergies astrales liées au corps en plein air

La volonté de nombreux humains se trouve affaiblie, voire brisée, après un long encrassement et la manipulation de leur corps énergétique par ces énergies négatives. Souvent ces gens ne sont même plus capables de lire une prière, encore moins d'en réciter une par cœur. Pour se donner du courage, dans ce cas, il ne reste qu'une solution: se révolter et crier. Ces énergies ne nous connaissent que trop bien. Elles connaissent surtout nos faiblesses, nous devons les prendre au sérieux.

Marche à suivre en plein air
Eloignez-vous quelque peu de la maison, allez dans un endroit où personne ne peut vous entendre. Appelez Jésus-Christ à votre rescousse, demandez lui qu'il se présente avec sa lumière d'amour rouge. Essayez même de vous représenter comment cette lumière vibrante rouge du Christ vous enveloppe entièrement. Dites à haute voix:

Jésus-Christ, aide-moi. Je t'en prie, entoure-moi de ta lumière rouge d'amour et libère-moi de toutes ces énergies qui me tourmentent. (Vous devez vous imaginez ces énergies comme des nuages noirs dans votre nuque et dans votre dos.)

Adressez-vous à elles énergiquement, en élevant la voix :

Sales énergies, vous n'avez rien à faire ici ! Allez-vous en, je ne veux pas de vous! Au nom de Jésus-Christ, disparaissez! Déguerpissez immédiatement et je serai libre! Je te rends grâce, Jésus-Christ notre Sauveur, je suis libre. Amen

6.3 Libération d'énergies astrales présentes dans des bâtiments, des logements et des objets

Très souvent des terrains et les constructions qui s'y trouvent, parfois même des régions entières, sont contaminés par des énergies astrales (saletés astrales). L'énergie de pensées négatives ou celle de souffrances terribles est simplement restée dans ces lieux ou elle a en quelque sorte été emmurée sur place. Son effet se fait sentir éternellement jusqu'à ce qu'elle soit libérée. Si elle n'est pas libérée, ni éloignée ou transformée, les habitants d'une telle habitation contaminée ne pourront jamais vivre heureux. Pour libérer votre maison, un terrain voire toute la région de ces vieilles peines négatives, vous devez vous imaginer de toute la force de votre cœur comme tous les sols, les murs, les plafonds, les meubles (tout ce qui est matière) est plongé et enveloppé dans la magnifique lumière de l'amour du Christ:

Bien-aimé Dieu, chers parents de lumière, j'ai besoin de votre aide et de l'assistance des chers anges de lumière et du pur amour, afin de libérer la matière de ces sombres nuisances. Je vous en prie, enveloppez ce terrain, ainsi que ce bâtiment, de ses fondations au-delà de son toit, dans lumière de l'amour et de la sagesse afin qu'aucune énergie obscure ne puisse s'y cacher. Aidez ces formes d'énergie à retourner auprès de leur créateur. Libérez cette maison de tout sentiment ou pensée négatifs, mais aussi de la soif de pouvoir et de cupidité de ses bâtisseurs.

Bien-aimé Jésus-Christ notre Sauveur, je t'en prie, emplis de ta lumière d'amour rose (visualiser) *tout matériau constituant cette demeure. Je vous libère. Vous êtes libres. Ainsi soit-il. Je te rends grâce bien-aimé Créateur et je vous remercie, vous les anges de la lumière et de la joie. Amen*

7. Rituel de pardon pour anciens coupables

Il peut arriver que, lorsque l'on veut se débarrasser des âmes liées à la terre ou à des âmes astrales, ces dernières ne partent pas. C'est aussi vrai pour les âmes qui n'affectent pas fortement leur entourage. Je me suis donc posé la question de savoir pourquoi elles ne partaient pas, et ceci même après plusieurs prières de délivrance. Maintenant, je le sais.

Ce sont les âmes d'anciens coupables et, si personne n'intervient, elles seront éternellement liées à l'âme de leur victime. Chez certaines personnes, j'ai pu identifier ces anciens coupables, incarnés dans des âmes animales. Cela peut paraître absurde, mais c'est une façon de demander pardon et d'expier ses faits et gestes. Imaginez que votre vilain voisin soit tout à coup le bichon de votre femme ou que votre propriétaire, qui se montre toujours insensible, se transforme en lapin à engraisser dans votre clapier… A moins que l'un de vos clients qui n'honorait jamais ses factures n'élise soudain domicile dans la porcherie d'un village voisin… Ce que je viens d'écrire est à prendre très au sérieux, tout ceci existe! Souvent ces âmes qui souffrent sont celles d'anciens coupables, se réincarnent même parfois plusieurs fois de suite et reviennent auprès de nous sous la forme d'un animal.

Soyez prudent néanmoins, il ne s'agit pas de s'en réjouir à mauvais escient. Peut-être même que nous avons-nous-même emprunté ce pénible chemin par le passé. Ce serait vraiment triste que je doive tenir compagnie au caniche de ma femme à cause de mon propre comportement criminel ou à cause d'un vulgaire malentendu. C'est ce que j'appelle marquer un but contre son propre camp.

Je n'aime pas penser à ces innombrables criminels, à l'origine de nombreuses guerres, responsables de camps de concentration et à tout ce qui s'est déjà passé de mauvais. Pourtant j'en vois toujours, il n'existe pratiquement aucune étable, aucun élevage de bétail qui n'abrite des âmes d'anciens coupables. Ceci découle de la loi de la cause à effet, de même que de la loi de l'équilibre. La grâce, dont nous sommes capables, nous humains, consiste ainsi à lâcher prise et à pardonner.

Prière du pardon et de la rémission

Cher Créateur, Père-Mère-Dieu, je te demande ton aide. Anges de la pure lumière divine, je vous en prie, soutenez-moi dans mes démarches. Je voudrais tellement aider cette âme qui est attachée à moi à retrouver sa liberté. Maintenant je m'adresse à toi (à vous) âme(s), qui se trouve(nt) autour de moi. Ecoute bien ce que j'ai à te (vous) dire: toi, tu es enchaînée à moi, parce que pour une raison quelconque tu m'as fait du tort dans une vie antérieure. Je voudrais te libérer, afin que ce soit plus facile pour moi de pardonner ce dont, de toute façon, je ne me rappelle plus dans cette vie-ci. Je ne veux plus remuer le passé d'aucune manière, pour moi ces expériences douloureuses et ces tortures font partie du passé pour toujours. Je te (vous) pardonne et je lâche prise. Savoir que des êtres qui souffrent se trouvent autour de moi me pèse. Ta tristesse me rend aussi malheureux. Anges de lumière, transmettez à cette âme mon désir de couper les liens émotionnels qui me relient à elle. Dieu bien-aimé, protège cette âme, tout en me protégeant également contre de nouveaux égarements et toutes les souffrances inutiles. Emplis nos cœurs de ton grand amour et de ta clairvoyance. Je te rends grâce, ainsi qu'à tes anges. Amen

8. Libération de karmas et d'éléments

Le mot « karma » vient du sanskrit. Dans le bouddhisme, c'est la forme des réincarnations d'un être humain ou son destin actuel déterminé par ses actions passées. Karma signifie faire, action, mot ou acte.

Comme habitants de l'occident, nous ne savons pas toujours que faire de cette notion de karma. Plus d'un d'entre nous refuse carrément d'en parler. Sans doute parce qu'on croit avoir affaire à une religion bizarre ou que l'on va devoir se confronter à quelque chose de mystique. J'essaierais de démystifier et de décrire cette notion ainsi : il s'agit d'expériences faites dans des vies antérieures, aussi bien que dans l'existence actuelle. L'expérience de la vie se compose très naturellement de toutes les expériences faites, allant des très bonnes aux plus mauvaises et très douloureuses. Elles constituent aussi bien les schémas que nous portons en nous. Chaque pensée, chaque sentiment et chaque fait est enregistré. Imaginez-vous que tous les éléments, non seulement ceux de cette vie-ci, mais aussi tous ceux de toutes les incarnations que nous avons vécues sont exactement recensées et enregistrées, comme sur un très grand disque ou sur un CD. Dieu possède cette immense banque de données de nous tous, ou dit plus précisément, il est cette banque de données. Il n'y manque rien, même pas le plus petit détail. Solidement ancré, le souvenir de tout repose même dans notre structure ADN. Les sentiments ou impressions qui en résultent sont pour nous déterminants. S'il s'agit de sentiments de bonheur ou de joie, ils ne nous incommoderons certainement jamais. Non, ils nous inviteront plutôt encore et toujours à les revivre ou ressentir. Il en va différemment des défauts de l'humanité. Par définition, ces derniers ne sont pas réjouissants, ils nous tracassent et nous tourmentent. Ils nous montrent une absence d'amour.

Lorsqu'il ne s'agit que de pensées, ce sont des marques d'indifférence, mais transformés en actes, ils peuvent aller jusqu'à porter préjudice à d'autres créatures. Le seul fait d'imaginer de faire du tort à quelqu'un fait naître un réceptacle d'énergie, ce que l'on pourrait décrire comme un sorte d'enveloppe sphérique (« Hülsenglobe » en allemand, Evangile de Jean, Lorber) qui nous accompagnera continuellement désormais. Elle est à notre disposition dans chaque vie, dans chaque nouvelle incarnation afin que nous puissions l'utiliser, la remplir, la renforcer – mais tout se passe inconsciemment. Toutes ces sphères (au début ce ne sont que des enveloppes avec un destinataire, mais sans contenu) que nous pouvons toujours remplir avec plus d'énergie deviendront nos propres éléments, les particules énergétiques qui nous appartiennent. Elles se trouvent toujours autour de nous et elles sont emplies de nos sentiments ou de nos fragments de conscience. A vrai dire, elles sont les outils de notre vie. Elles correspondent à une immense bibliothèque d'expériences et de connaissances.

Malheureusement l'homme tend à être un être de routine ; il préfère avancer sur les sentiers dégradés qu'il connaît bien, plutôt que de marcher sur un chemin inconnu qui pourrait renfermer en lui-même les «dangers» de nouvelles connaissances et expériences. Ceci serait terrifiant! On risquerait de vivre quelque chose de nouveau. Par conséquent, l'homme retrouve toujours ses mêmes éléments et surtout ses mêmes défauts particuliers. Ceux-ci peuvent lui peser infiniment et rendre sa randonnée difficile ; ils sont comme de lourdes pierres dans son sac à dos. Que fait un randonneur avisé ? Il essaie de s'en sortir avec le moins de choses possibles et se dit: « En somme, de quoi ai-je vraiment besoin pour tracer ma route ? De quoi puis-je me séparer ? »

Les hommes qui ont un bon cœur, pas uniquement sur le plan physique, perçoivent en tout temps les suggestions silencieuses de leur âme. Pour d'autres, le chemin vers le cœur et la conscience est encombré ; ce sont des mondains qui croient en des valeurs matérielles. Ils se sentent séparés de Dieu et obéissent uniquement à la matière qui les entoure.

Ils sont devenus sourds, dans leur cœur, à la divinité en eux. Leur mécontentement ou même leurs déchirements qui en résultent s'orientent vers l'extérieur. Il ne faut pas s'étonner qu'une telle personne perde sa confiance en elle-même à cause de la répétition des difficultés, qui ne cessent de réapparaître. Le doute quant à sa propre valeur grandit. L'idée d'une insuffisance se transforme en permanence en sentiment que l'on ne pas y arriver. Cette personne commence tantôt à se rejeter, la haine de soi la guette déjà, toute proche. Quand l'amour de soi a disparu, cela nous mène à une spirale vers le bas qui n'est malheureusement arrêtée que par le plus petit nombre. Au bout du compte, même l'approche de la mort ne suffit pas à la dissoudre.

La vie suivante commence alors déjà chargée de ce poids et cela continue de la même manière avec le karma et les incarnations. Beaucoup d'hommes, ce ne sont pas de belles perspectives d'avenir.

Mais stop ! Il ne faut pas se décourager. Chacun peut faire quelque chose contre cela, et même beaucoup. Rejetez et séparez-vous de ces modèles et de ces énergies négatives pour sauver votre tête de la corde que vous vous êtes vous-même passé autour du cou. En dirigeant des énergies négatives contre vous-même ou contre d'autres, vous commettez le même « délit ». En condamnant quelqu'un, vous condamnez son Créateur, et donc Dieu. C'est pareil pour vous : si vous vous méprisez, vous méprisez votre Créateur. Le même effet produit par la même cause, la même source de tous les maux.

Si nous nous rendons compte de cela, alors nous deviendrons peut-être conscients du fait que nous aimer nous-mêmes est très important. Nous devrions tous apprendre à avoir de l'estime pour nous-mêmes. Car si nous avons de la considération pour nous-mêmes, alors nous en aurons automatiquement pour les autres. En définitive, c'est bien cela que nous attendons des autres ; qu'ils nous respectent tels nous sommes et nous laissent en paix tels que nous sommes. Vous êtes l'expression même du divin et au plus profond de vous-mêmes, vous êtes la lumière parfaite et le pur amour. Croyez en vous, et vous croirez en Dieu !

Les défauts sont autorisés par Dieu. Ils font partie du chemin humain vers la connaissance et ils sont le résultat de notre libre arbitre. Ils naissent de l'oubli de ce que et qui nous sommes et donc de l'ignorance et de l'inconscience de nous-mêmes. Nos mauvaises habitudes obscurcissent notre âme pleine de lumière. Ces saletés peuvent aller jusqu'à encrasser notre âme et nous empêcher de vivre notre vie avec légèreté et dans la joie. Mais comme cela représente le terreau original de notre volonté humaine, notre âme aspire en définitive à dissoudre complètement, elle-même, ces défauts qu'elle avait choisis. Comme ces éléments que nous nous sommes créés nous-mêmes sont la plupart du temps des énergies anciennes et fortes, nous ne pouvons guère nous en défaire avec une simple prière. Il faut bien un peu de patience et d'endurance pour nous défaire de ces éléments, nos mauvaises habitudes et défauts, puisque nous les avons entretenues et nourries durant toute une vie, voire plusieurs existences. Le moment le plus propice pour dénouer un tel élément, est l'instant où vous avez une telle pensée ou sentiment ; lorsqu'il se manifeste et qu'il n'honore pas le divin en vous. Interrompez-vous et interrogez-vous quant à la cause. Reconnaissez que vous avez suscité une forme de manque d'amour et que vous n'en n'avez plus besoin. Ayez ensuite pitié de cette particule énergétique qui est la vôtre car c'est vous qui avez conçu cette créature. Si vous vous adressez à votre défaut et si vous le nommez par son nom, vous pouvez même lui présenter vos excuses. Offrez-lui votre amour et priez maintenant Jésus-Christ de guérir cette partie de vous-même.

Admettez votre manque d'amour comme un défaut, comme une mauvaise habitude, et vous serez sur le bon chemin. Si vous ne parvenez pas à nommez un concret défaut (nous en parlerons dans le prochain chapitre) et que vous en souffrez, alors étudiez bien la liste suivante. Elle aborde les anciens et coriaces schémas qui datent de la nuit des temps.

Cela peut durer quelques semaines et être intensif, aussi longtemps que vous ne vous sentez pas bien sur le plan spirituel. Donnez du poids à chaque mot et par-là même du sens. De cette façon la prière peut faire son effet et vous libérer bientôt. Comprenez-la comme conversation et comme mise en ordre du subconscient et de la conscience suprême.

8.1 Libération de serments et de promesses

Je prie toutes les divines créatures spirituelles, les anges, ainsi que toutes les puissances suprêmes de la guérison de m'aider. Je me détache ici et maintenant de tous les vœux, serments, promesses et pactes que j'ai prononcés dans cette vie et dans toutes les incarnations antérieures. Je demande pardon et indulgence à tous mes frères et sœurs d'âme, que j'ai fait souffrir et que j'ai blessés en faisant cela.

Je pardonne à tous mes frère qui m'ont lié et emprisonné par leurs vœux, serments, promesses et pactes, maintenant et à travers tous les temps. Je me pardonne à moi-même pour toute la souffrance occasionnée par ces liens, pour moi-même comme pour les autres. Maintenant et pour tous les temps passés. Je suis libre, maintenant et dans toutes les incarnations antérieures. Je Suis celle/celui, que Je Suis, Ici et Maintenant. J'envoie toutes les souffrances qui en ont résulté, main-

tenant et pour tous les temps, dans la divine lumière de l'univers. Je suis libre, je suis libre, je suis libre !
Merci à toi, source divine ! Amen

8.2 Libération de l'envie, de la haine, de la colère et des sentiments de jalousie et de souffrance

Je me libère maintenant de toutes les envies, haines, colères, jalousies et sentiments de souffrance qui m'ont été infligés aujourd'hui ou dans les vies antérieures.
Je pardonne à tous ceux qui m'ont torturé, pour toujours.
Je demande pardon à tous et regrette profondément d'avoir infligé à d'autres des souffrances dues à l'envie, la haine, la colère et la jalousie, dans cette vie ou dans toutes les incarnations précédentes. Je vous remercie, je vous aime, je vous prie de vous libérer de ces sentiments négatifs, maintenant et pour toujours.
Je suis libre, je suis libre, je suis libre !
Je te remercie, source divine ! Amen

8.3 Libération des pensées, activités, imprécations et malédictions de magie noire

Je pardonne à tous, ici et maintenant, pour les peines et les souffrances qui me furent infligées et qui sont dues à des pensées, des activités, des imprécations et des malédictions de magie noire. Ceci pour toutes les vies, maintenant et à travers tous les temps. Mes frères et mes sœurs, je vous aime.

De la même manière, je demande pardon à tous ceux à qui j'ai infligé des souffrances et des dommages par la magie noire et par de mauvaises pensées. Je vous aime. Je vous en prie, pardonnez-moi.

Je vous demande, divins amis et guides spirituels dans la lumière, de m'aider et d'aider toutes les personnes concernées à dissoudre dans la lumière de l'univers tout ce qui nous a tourmentés, moi comme d'autres. Je vous en prie, séparez-nous maintenant de ces éléments négatifs.

Vous, éléments qui reposez sur des expériences, des souffrances et une reconnaissance, vous qui êtes bien disposé à mon égard, soyez derrière moi et aidez moi à faire bouger les choses. Rendez-moi fort dans cette vie, mais laissez-moi libre de faire de nouvelles expériences, dans ce monde nouveau et rapide. Je vous aime. Je vous remercie pour votre amour, bien aimés anges de lumière et toi, Dieu – Source originelle.

Je suis libre, je suis libre, je suis libre !

Je te rends grâce, Source divine! Amen

9. Liberation d'énergies élémentaires individuelles

Pour se libérer des énergies élémentaires individuelles, il faut en premier lieu les reconnaître et les accepter. Elles sont à ranger dans la même catégorie que l'envie, la jalousie, la cupidité, la haine, la soif de vengeance et le despotisme. C'est inconsciemment que nous avons, pendant d'innombrables vies, maintenu de telles énergies à de basses fréquences vibratoires, ou même les avons-nous continuellement nourries par nos pensées, nos paroles et nos gestes. Tout est ici pris en compte, même ce que nous considérons comme de tous petits défauts tels que les mensonges, le malin plaisir, le cynisme, l'orgueil, la vanité, l'avarice, etc. Des entités autonomes ont ainsi vu le jour, créées par ces énergies que nous seuls avons générées, entités qui sont constituées uniquement de nos propres faiblesses. Elles peuvent avoir atteintes une taille considérable et nous accompagnent continuellement – nous agissons donc en étant sous leur influence. Elles existent parce qu'elles ont une mission spéciale. Elles doivent nous aider à reconnaître que nous les avons créées de toute pièce et que nous voulons désormais nous libérer de ces carcans de notre plein gré. Elles nous tourmentent parfois si violemment que nous souhaitons nous en débarrasser du plus profond de notre être. C'est alors que nous avons déjà fait un grand bond en avant dans notre processus de maturation.

Cependant, si nous ne remarquons pas qu'elles nous tracassent (ou qu'elles ne nous affectent pas assez pour que nous le remarquions), et que nous devons par conséquent changer notre propre système de pensée, elles continueront à revenir sans cesse. Elles agissent comme un émetteur radio, qui n'a qu'un seul disque à disposition. A longueur de journée, elles rabâchent toujours la même rengaine, que nous connaissons par cœur. De plus, ces énergies élémentaires attirent des énergies analogues issues du monde astral. Elles prennent ainsi continuellement de l'ampleur !

La palette de nos défauts est immense. Nous ne pouvons en outre même pas nous rappeler les modèles de pensées que nous avons développé dans notre enfance et dans notre adolescence. Comment voulez-vous dans ce cas vous rappeler des mauvais schémas de pensées empruntés dans vos vies antérieures ? Pourtant, soyez-en conscient, ils sont encore tous présents en vous, même si ce n'est pas toujours avec la même intensité. Malheureusement, un grand nombre d'entre eux ont un fort potentiel destructeur. La polarité fait que chaque pensée se traduit par une dualité, la médaille et son revers en quelque sorte. Il y a en effet dans l'univers une absolue nécessité de créer une opposition permanente afin de maintenir l'équilibre. Théoriquement, nous sommes donc toujours libres de décider quel pôle d'énergie nous souhaitons activer. Le meilleur exemple en la matière, c'est l'amour. En l'absence d'amour, c'est son contraire qui peut se développer, jusqu'à la haine, qui est la force émotionnelle la plus destructrice qui soit. Il est fort possible que des personnes qui ne se sentent pas aimées ou que certaines, qui ne peuvent plus aimer, développent ainsi un sentiment de haine contre elles-mêmes ou contre celles et ceux qu'elles ont aimé par le passé. Analysons ce qui se passe dans une telle situation :

Supposons qu'une personne dise à une autre « je te hais ». Une énergie de basse fréquence est ainsi émise et adressée à quelqu'un. Cette énergie, à qui l'on vient d'insuffler la vie, restera active pour toujours et sera hélas trop souvent sollicitée inconsciemment dans notre vie d'humain, c'est-à-dire qu'on ne cessera de l'exploiter, ce qui aura pour conséquence de sans cesse la renforcer. Elle sera alors toujours plus puissante et plus consciente, ce qui signifie qu'elle deviendra une entité en tant que telle.

Cette énergie ne sera en aucun cas dissoute par notre mort physique. Elle existera aussi longtemps que nous ne l'aurons pas libérée en toute conscience. Elle tourne toujours autour de nous, même après notre décès. Pour certaines personnes, ses allées et venues sont récurrentes et elle n'a de cesse de leur répéter: « Bonjour, me revoilà », afin qu'elles n'oublient pas que cette dernière existe encore ! Ceci arrive surtout à celui qui a décidé d'emprunter une autre voie que celle de l'énergie élémentaire à qui il avait donné corps dans une phase antérieure de son existence, et qui se plaît à revenir alors qu'il vit sa vie en pleine conscience et dans l'énergie d'amour. Quiconque se surprend, un jour ou l'autre, à développer des pensées ayant trait à l'envie, à la colère, à la haine ou à la jalousie peut être certain qu'il a par le passé engendré de telles énergies élémentaires.

Les phobies font également partie de cette catégorie. Comment expliquer qu'une jeune personne ressente une peur panique, par exemple vis-à-vis de l'eau, du feu, des araignées. Pourquoi éprouve-t-elle de l'angoisse dans des espaces contigus, pourquoi est-elle victime du vertige alors qu'elle n'a jamais été confrontée à de telles situations au préalable ?

Chez certaines personnes, les énergies élémentaires qu'elles ont engendrées elles-mêmes ont pris un tel pouvoir qu'elles ne les reconnaissent même pas, les identifiant comme des énergies étrangères ou même des démons les entourant. Ces énergies, souvent innombrables, en partie conscientes, sont très actives. Elles agissent comme une horde de diables sauvages qui se chamaillent. Elles ne se laissent pas si facilement dissoudre, parce qu'elles se composent de méchanceté, de perfidie, de séduction et de tromperie. Une personne affectée par de tels maux est l'objet de ses propres tourments, chefs-d'œuvre de noirceur, d'une bassesse absolue.

Naturellement, ces énergies élémentaires souhaitent agir et exister infiniment. Grâce aux pans de conscience qui sont les leurs, elles se considèrent comme très importantes. Il faut reconnaître qu'elles puisent leurs racines aux sources de l'humanité. Elles sont d'une importance capitale pour notre développement spirituel. En fait, elles nous permettent de découvrir que nous n'avons plus besoin d'elles, que ce soit aujourd'hui ou demain.

Toutes nos dépendances sont les fruits de nos défauts. C'est l'âme ici qui est en quête. Elle recherche la vérité et la délivrance. Pourtant, lorsque notre conscience limitée ne veut pas voir, elle trouve tous les moyens et chemins possibles pour devenir aveugle et sourde.

Je vois très nettement dans les auras de tous les dépendants la présence d'énergies élémentaires qui tourmentent beaucoup leur hôte. C'est pourquoi je comprends très bien qu'une personne dépendante cherche à tout prix à se griser, pour ne pas devoir s'analyser en profondeur.

Comme vous pouvez l'imaginer, ces personnes attirent sans cesse des entités astrales souffrant des mêmes dépendances, et ceci notamment à cause de la propagation et de la diffusion de ces dernières. Celles-ci ne veulent absolument pas que leur être dépendant, c'est-à-dire leur victime, cesse de se soumettre à ses dépendances. En satisfaisant à leur dépendance individuelle, les victimes satisfont à la dépendance des entités astrales. C'est pourquoi il est très difficile de se libérer d'une dépendance, car toutes les influences énergétiques étrangères doivent être prises en compte et passées au peigne fin.

Cette quête véhémente de l'âme trouve d'autres terrains en explorant d'autres comportements de dépendance tels que la dépendance à l'alcool, au tabac, aux drogues, au jeu. Notre société ne les reconnaît cependant pas comme telles. Ainsi, les personnes qui pratiquent le sport avec excès souffrent de la même problématique : ils prennent la fuite en courant face à leur propre responsabilité psychique. La plupart d'entre nous pensent que faire beaucoup de jogging et de vélo est bon pour leur santé. Pour ma part, j'estime que tout sport imposant une contrainte physique est plus destructif que constructif.

Ma clairvoyance me permet de distinguer les énergies élémentaires. Je vais peut-être vous surprendre, mais je vois des telles énergies dans l'aura de pratiquement tous les sportifs. Je vois parfois des sportifs qui préfèrent se détruire en s'activant continuellement, plutôt que de s'interroger sur leur état en toute tranquillité. Il semblerait qu'ils savent inconsciemment que beaucoup de choses sombres, désagréables logent encore dans leur fort intérieur. Le fait d'écarter un problème ne signifie pas que ce dernier est résolu. Au contraire : sa négation conduit forcément à renforcer ce dernier. Car tout ce qui ne vibre pas librement, plein d'amour et indemne, revient sans cesse afin d'être traité et libéré.

Si vous avez décidé de vous débarrasser d'un défaut ou d'une dépendance particulière, commencez par le ou la reconnaître comme une entité existante en tant que telle. Ensuite, attendez qu'il ou elle se manifeste (le défaut, la dépendance, la peur, le sentiment d'inquiétude) à nouveau car cette énergie élémentaire sera alors à proximité immédiate et vous pourrez vous adresser à elle directement. Vous essayerez alors, en pleine crise, de vous guérir de cette énergie, de cet élément que vous avez créé vous-même en récitant la prière suivante :

9.1 Prière pour la dissolution et la libération des énergies élémentaires individuelles créées par soi

Je t'appelle toi, mon Créateur, Père-Mère, Dieu, infinie sagesse et lumière, dans tout ce qui est. Et je t'appelle toi, notre frère Jésus-Christ bien-aimé, et tous tes anges. Je demande aide et guérison. Par incompré-

hension et ignorance, j'ai créé un modèle de pensée qui est devenu de plus en plus fort et de plus en plus grand.

Il me tourmente depuis longtemps, peut-être déjà depuis plusieurs vies. Maintenant je suis prêt à le défaire, le dissoudre et à le remplacer par l'amour et la confiance divines. Bien-aimé Dieu tout-puissant, s'il te plaît aide-moi maintenant. Maintenant je t'appelle, toi ma peur (ou dépendance, colère, douleur, indiquez ici la désignation exacte, s'il vous plaît). *Viens à moi, puisque tu es une partie de moi, je le sais maintenant. Je regrette amèrement d'avoir créé une entité avec une telle force de vibration douloureuse. Comme enfant de Dieu, ce que je suis, j'ai agi par ignorance. Je vous demande pardon.*

Viens maintenant, prends place tout près de moi, viens sur mes genoux, blottis-toi contre mon cœur comme un de mes enfants. Tu sais, je t'ai sûrement créé depuis très, très longtemps. Aujourd'hui, je ne me rappelle même plus pourquoi je t'ai créé.

Je remarque ta présence, de plus en plus précise. Cependant je n'ai jamais su, ce que tu as voulu m'indiquer ou me faire savoir. Je te libère de ton devoir et je te remercie. Cette phrase se trouvait plus bas.

Je deviens maintenant responsable de toi et te laisse libre. Je demande ta guérison, pour que tu puisses cheminer dans la lumière et l'amour.

Sauveur bien-aimé, je te prie de nous envelopper dans ta lumière d'amour afin que nous puissions guérir en tant qu'unité. Je te prie d'exaucer ma prière en dissolvant dans ta lumière et dans ton amour cette énergie créée par moi-même. (Prendre quelques minutes pour laisser

agir son amour). *Je te remercie, Dieu tout-puissant!*
Je te remercie, Source divine ! Amen

9.2 Libération des expériences de faim, de pauvreté et de manque

Même sous nos latitudes plus proches des pôles, beaucoup d'humains sont morts une fois, voire plusieurs fois de faim dans leurs vies antérieures. Ils l'ignorent complètement, mais l'expriment à travers leur corps. Il a enregistré ces dramatiques informations dans la mémoire de ses cellules. Ces personnes ont des problèmes de poids et d'apparence tout au long de leur vie. Elles ont continuellement peur de manquer de nourriture ou redoutent qu'il n'y ait plus rien à acheter le lendemain. Très souvent, leur réfrigérateur est rempli au point qu'elles doivent jeter une partie de leurs provisions. Elles souffrent de leur surpoids et à cause de leur apparence. Elles se haïssent même, ou plutôt, elles n'aiment pas leur image dans le miroir. La plupart des gens croient qu'il s'agit d'un dérèglement hormonal ou que leurs glandes ne fonctionnent pas correctement. Afin de répondre à une frustration constante, ces personnes se jettent sur les sucreries et autres petits plaisirs. Elles engrangent trop de calories et créent leur problème. Un tout petit nombre de personnes qui semblent trop maigres, connaissent les mêmes difficultés, puisqu'elles veulent grossir mais n'y arrivent pas. Très souvent elles sont admirées pour leur sveltesse, pourtant elles aimeraient être plus fortes ou différentes. Elles se sont accrochées à leurs souffrances vécues de faim et de manque. Les personnes fortes sont confrontées à leur mort due à la faim et à leur instinct de survie, qui est tout à fait normal. A quoi pense un être qui a faim ? A manger. A du lard avec des haricots et à une table pleine de desserts. Face à la mort, qui pense donc encore à se défaire de ses schémas d'abondance et d'amoncellement? Surtout lorsqu'on n'a plus rien eu à se mettre sous la dent depuis un mois. C'est ainsi que le schéma de gloutonnerie est intégré et qu'il est réactivé dans chaque nouvelle vie.

Ce drame est plus fort lorsque s'y ajoutent les émotions et les sentiments. Autrefois, plus d'un a souffert de la faim, des familles entières, le village, la région, ou le pays. Qu'as-tu bien pu ressentir en creusant la tombe d'un membre de la famille, peut-être pour ton propre enfant, sachant que tu devrais sans doute le faire pour toi-même parce que ce serait ton tour dans quelques jours. Une chose pareille doit être épouvantable, et ils furent nombreux à le subir. Puis, à quelques années d'intervalle seulement, un nombre incalculable d'autres en furent victime à nouveau.

Libération de ce schéma de souffrances

On ne se débarrasse pas de ces énergies élémentaires, ou on ne les dissout pas toujours par le même procédé. Le corps émotionnel est en effet concerné, il a mémorisé ces expériences et ces sentiments de souffrance. En plus, le corps physique a ajouté ses impératifs.

Effectuer une libération en étant seul n'est pas facile, car notre raison s'y oppose et fait obstruction. Elle a fait face à un problème, elle ne veut pas et ne peut pas comprendre, car elle n'était pas présente dans ce corps au moment des faits. C'est plus facile à deux (avec votre mari/femme ou ami/e) car vous pouvez ainsi répéter ce que l'autre énonce et vous ne serez pas gêné par votre égo. Ça fonctionne aussi lors d'une libération en groupe :

*Je vous appelle, anges de l'amour et de la vérité. Je vous en prie, aidez-moi à me délivrer de mes vieux schémas de souffrance. J'appelle maintenant les souffrances nées lorsque, dans des vies antérieures, je suis mort/e de faim et qui sont **situées dans la partie rationnelle de mon subconscient** et dans mon **inconscient**.*

Je vous ai créées, mais aujourd'hui je ne veux plus de vous, je n'ai plus besoin de vous. Dans cette vie, il n'y a plus ni périodes de famine, ni manque de nourriture. Schémas de souffrance, de mort, de faim et de manque, je vous libère et vous dissous. En même temps, je me détache aussi de vous, angoisses d'abondance et de surabondance. Vous êtes libres et je suis libre moi aussi. Chers anges, assistez-moi.

*Maintenant, j'appelle les douleurs et les souffrances, la tristesse, de même que les peurs de la perte de mon **corps sentimental et émotionnel**. Vous êtes le résultat des périodes de famine endurées, je ne veux plus de vous. Je vous congédie. Vous êtes libres, comme je veux l'être aussi. Anges bien-aimés, soutenez-moi. Je m'adresse maintenant à mon **corps** et à vous tous, innombrables esprits. Mais avant tout, j'appelle les **esprits supérieurs**, les chefs de tous mes organes. En ces* *temps de famine et de mort, vous avez souffert énormément, autant que moi. Je vous en prie, effacez toutes ces énergies et ces souvenirs en vous, mais aussi ceux de l'excès et de l'abondance. Aujourd'hui, comme vous, je souffre de surpoids. Mais c'est terminé. Je veux que vous vous rappeliez l'origine de votre être, de la santé parfaite. Effacez dès à présent tout ce qui s'oppose à cela. Effacez tout ce que je vous ai ordonné par ignorance dans cette existence, mais aussi dans les vies antérieures. Soyez libres ! Ensemble, nous resterons en bonne santé jusqu'au dernier souffle. Je vous aime parce que vous êtes à mon service avec tout votre amour et pas seulement dans cette vie.*

Je te rends grâce mon Dieu et Créateur pour mon corps. Il est merveilleux et accompli, il est l'expression du divin. Je t'en prie, aide-moi pour qu'enfin je puisse remédier à ces dérangements. Comme mon corps, je suis ce que tu m'as offert. Amen

10. Libération de schémas de souffrance et d'éléments agissant contre son propre corps

10.1 Souffrances de l'âme

L'aviez-vous remarqué ? De nombreuses personnes sont d'avis que ce sont toujours les autres qui sont la cause de tous leurs maux ou échecs. Cette manière de penser se développe encore davantage quand quelqu'un est malade. La plupart du temps, on attribue son état de santé au fait que cette personne a dû travailler durement, que ce sont ses collègues ou ses supérieurs hiérarchiques qui sont la cause de tous ses maux. Peu sont conscients que c'est sa manière de penser qui a engendré de telles entraves, l'empêchant d'avancer, de prendre conscience de lui-même, de profiter pleinement de la vie? De tels préjugés ne se sont pas forcément développés dans cette vie. Le plus souvent, ils ont juste été réveillés et sortent tout simplement de leur léthargie. Le fait de les solliciter à nouveau peut les renforcer. C'est ainsi que l'on engendre, facilement et sans même le remarquer, un cercle vicieux. Une personne qui ne va pas bien et ne se sent pas bien dans sa peau à tendance à se rejeter. A la longue, elle va de mal en pis. Le jour viendra où elle ne se sentira plus bonne à rien, c'est-à-dire vraiment dépréciée. C'est intéressant : c'est par son propre système destructif d'évaluation, avec lequel une personne juge en premier les autres, qu'elle se jugera tôt ou tard elle-même. En effet, par une autocritique excessive, quelqu'un peut commencer insidieusement à se trouver répugnant et plus tard, il commence à se haïr. Si cette personne, pour n'importe quelle raison, va soudain mieux, elle oublie alors naturellement les pensées de haine qu'elle a nourries à son égard. Cependant, ces dernières sont enregistrées à tout jamais et bien ancrées dans son subconscient.

Combien de personnes ont dans leur vocabulaire des expressions telles que : « Je veux / je ne peux plus voir ceci, entendre cela, sentir ou ressentir telle ou telle chose ! »? Ainsi, plusieurs fois par jour, nous pensons ou nous nous exprimons de la sorte. Personne n'imagine que ces expressions sont des ordres directs donnés à notre corps. C'est pourtant exactement ce qui se passe, les « chefs » qui se trouvent dans notre corps, sont des esprits de la nature vivants, qui réagissent aux ordres donnés par la conscience humaine. Heureusement pour nous, ils n'obéissent pas toujours promptement au point de, par exemple, déconnecter immédiatement un organe. La plupart du temps, ils agissent lentement et le démantèlement d'un organe peut durer longtemps. Nous avons grâce à cela généralement assez de temps pour revoir nos schémas de pensées et contrecarrer ce démantèlement. L'humain, dans son inconscience, ne procède cependant pas de la sorte. Si le corps réagissait plus vite ou même immédiatement, l'ordre destructif pourrait être reconnu plus tôt comme tel. Dans les faits, l'ordre donné fait l'objet de nombreuses confirmations, sur une très longue période et ceci sur plusieurs vies, avant qu'il ne soit exécuté dans son intégralité.

Il n'est pas rare que ces processus conduisent les médecins, mais encore bien davantage leurs patients, à un désespoir absolu. Ainsi, il est fort possible que des problèmes de santé ou de douleurs se manifestent alors que rien de tel n'aurait dû se produire. Voici quelques exemples pour illustrer mon propos :

• Un enseignant a perdu la vue en deux mois. Une de ses expressions favorites était : « Je ne veux plus voir ceci. » Notre corps se compose d'un nombre infini d'éléments naturels, ce sont des esprits de la nature bien réglés. Cela signifie que chaque cellule a une tâche bien définie à accomplir, elle a été créée pour fonctionner. Généralement, notre corps fonctionne à la perfection, mais si l'on sort de la « normalité », il ne maîtrise absolument plus rien du tout. Il ne peut en aucun cas comprendre notre intelligence, même si cette dernière est plus ou moins développée. Non, il interprète simplement « je dois devenir aveugle ». En changeant sa manière de s'exprimer et surtout sa manière de penser, l'enseignant a pu retrouver la vue.

• Une mère, qui était fortement en colère contre sa fille en pleine crise d'adolescence, a subitement eu des douleurs aigues dans la poitrine. Elle avait cinq gros nodules, son gynécologue misa sur un cancer et lui conseilla une amputation immédiate. La femme était persuadée d'avoir « échoué dans son rôle de mère ». Après avoir intériorisé les textes en fin de chapitre, l'inflammation disparut en l'espace d'une semaine.

• Une femme, qui avait été paraplégique dans deux de ses vies antérieures, avait haï et méprisé son corps. Elle naquit en bonne santé dans cette vie, tout en ayant le sentiment que quelque chose clochait en elle, surtout de la taille aux pieds. Elle ressentait souvent des douleurs sournoises, alors qu'elle sentait également ses membres engourdis. Aucun médecin, ni spécialiste, ne put trouver un mal concret. Avec le temps, cette femme commença à se juger et à se haïr. De ce fait, un futur handicap se dessina, elle ne croyait plus à une guérison possible. Une fois libérée de ses schémas, libération qu'elle connut grâce à des prières, son état s'améliora très vite. Son sentiment d'être ou de devenir paralytique disparut au bout de quelques semaines.

• Un homme souffrait depuis des années de psoriasis sur tout le corps. Le mal s'empirait de jour en jour. Quand je fis sa connaissance, sa figure et sa tête en étaient couvertes. C'était affreux de le voir ainsi, et il souffrait comme une bête traquée. Il commença alors à se mépriser profondément. Il m'a raconté qu'il ne fréquentait plus personne depuis longtemps et qu'il soupçonnait les autres de l'avoir maudit ou même de lui avoir infligé un sortilège vaudou. J'ai donc dû lui expliquer qu'il avait ce psoriasis en compensation d'une histoire qui s'était déroulée dans une de ses vies antérieures. Il avait de plus aggravé sa souffrance en générant des pensées négatives à son égard. Il ne me crut pas. Peu de temps après, un médium lui expliqua qu'il s'était effectivement moqué et avait tourné en dérision des personnes atteintes de ce mal dans une vie précédente. C'est pour cette raison qu'il devait endurer à son tour cette souffrance, pour rééquilibrer la situation initiale. A présent, il était prêt à travailler avec les prières que j'emploie. Il le fit avec intensivité et deux mois plus tard, il fut complètement délivré de son psoriasis. Aujourd'hui, il n'en porte plus trace.

Ce qui me frappe par ailleurs, c'est que de nombreuses femmes qui souffrent subissent sans le savoir d'anciennes peines, qui sont avant tout dirigées contre leur propre corps. Au niveau psychique, cela se traduit ainsi par le fait qu'elles ont l'impression de ne pas en savoir assez, de ne pas être assez instruite, de n'avoir pas une valeur intrinsèque, de ne pas avoir le droit d'avoir leur propre opinion et finalement d'être née pour servir. Cela vous étonne ?

Le fait est que toutes les discriminations que les femmes ont endurées au travers des siècles se sont profondément enracinées dans leurs organes génitaux. Aujourd'hui encore et dans de nombreux pays, l'oppression des femmes est vécue ouvertement. Chez nous également, la dictature de l'Eglise, ou de la religion, en a été et en est toujours responsable. Au cours des siècles passés, de nombreuses femmes ont été ainsi mutilées psychi-quement, et elles en souffrent encore aujourd'hui, après plusieurs vies. Au nom de Dieu, on reprocha à des millions de femmes instruites de pratiquer la sorcellerie ou d'être des hérétiques. C'est ainsi qu'« on », c'est-à-dire l'homme, s'accorda le droit de les martyriser. En invoquant de surcroît le nom de Dieu. Je comprends tout à fait que ces « porcs terriens », comme Jésus ap-pelait ces tortionnaires, deviennent de pitoyables animaux dans leurs vies futures. Malheureusement, l'Eglise catholique donne uniquement aux femmes, au-jourd'hui encore, le rôle de mettre des enfants au monde. Il n'est pas encore question qu'une femme dirige ou préside une paroisse.

Beaucoup de femmes ont encore de nos jours la hantise de **se retrouver enceinte**. Nombre d'entre elles s'imaginent à tort et craignent d'être en danger de mort à chaque pénétration. Ces angoisses prennent racine dans des temps fort anciens, bien avant l'époque de l'éducation sexuelle et d'une certaine ouverture d'esprit lorsqu'on aborde des thèmes comme la sexualité et la contraception. Il est clairement établi qu'une peur aussi fortement ancrée peut conduire à un refus toujours croissant de la féminité, avec toutes les conséquences destructrices que cela comporte. Cette peur, avec tout ce qu'elle comporte de destructif (= énergies élémentaires) ne peut plus disparaître d'elle-même, même si celle qui en est la créatrice ne veut rien savoir à ce sujet. Pour ma part, c'est ainsi que je m'explique les nombreux cas de maladies génitales féminines. La plupart des femmes à qui j'ai pu expliquer clairement ce fonctionnement on pu se libérer de leurs entraves en pratiquant activement la prière. Croyez-moi, presque toutes ont pu me confirmer que d'énormes souffrances endurées pendant des années ont ainsi disparu en très peu de temps.

Après avoir lu le récit de ces quelques témoignages vécus au quotidien, je pense que vous vous rendez compte qu'une âme souffre souvent dans son enveloppe corporelle, qu'elle n'est pas libre, ceci même sans raison évidente sur le moment. C'est pour cette raison que j'ai créé la prière suivante, qui doit aider de manière ciblée à se libérer de souffrances corporelles.

Je vous prie de réciter ce genre de prière avec intensivité et persévérance, car vous devez ici compenser vos innombrables pensées négatives. Beaucoup d'âmes humaines se sont d'ailleurs ainsi damnées et maudites dans les règles de l'art. Tout cela doit être dissout.

Vous avez le pouvoir de le faire maintenant ! Chacun de nous a le droit de vivre et de guérir.

10.2 Détachement et libération des schémas de souffrance infligées à son propre corps

Bien-aimés anges divins de la guérison et du pur amour, j'ai besoin de votre aide. Ici et maintenant, je voudrai dissoudre tous les schémas et imaginations de souffrances et de pitié que j'ai créé contre mon corps. Je me libère maintenant des pensées telles que : « je ne suis pas en bonne santé ou je vais tomber malade, comme mes parents ou autrui ». Je me libère maintenant de tous ces schémas dirigés contre toi, mon cher corps, et ceci dans toutes les vies.

Je t'appelle toi, Esprit de mon corps, et je te demande pardon. J'ai beaucoup fait et pensé inconsciemment, et tu as toujours obéi à mes ordres. Souvent en me faisant souffrir. Je sais maintenant que cette souffrance n'avait pas lieu d'être et je te prie de me libérer de tout ce qui peut être synonyme de souffrance pour moi. Tu es l'expression même de la divinité et de la perfection. Tu es totalement saint, totalité et guérison par amour. Sans toi comme vaisseau en bon état de marche, moi âme, je ne peux pas intégralement expérimenter la terre. Je te prie, Esprit de mon corps, de rester neutre, pour que la haute divinité du Tout Amour puisse guérir et transformer.

Maintenant, je te prie, Source originelle dans tout ce qui est, laisse rayonner ta divine lumière dorée, afin qu'elle détourne de moi tous les poisons et dépôts, ainsi que toutes les irradiations des antennes et téléphones et qu'elle les dissolve et les transforme en splendide lumière. Ainsi, toi mon cher corps, tu guériras et tu pourras vivre pleinement ta joie de vivre. Je t'aime toi et ton Créateur, comme grandiose et magnifique énergie de l'amour. Bien-aimés anges et amis de la lumière, aidez-moi à guérir. Ainsi soit-il. Merci

10.3 Prière pour se libérer des sentiments de peur inconscientes

Ce sont par exemple des peurs telles que :
- Peur de son propre corps
- Peur de ses propres sentiments
- Peur de mésententes dans une relation
- Peur de ne pas réussir ou de ne pas être à la hauteur dans une relation
- Peur de ne pas être aimé

Bien-aimé Créateur, Source originelle, je te prie, aide-moi à détendre mon corps et à le guérir.
Bien-aimé Esprit de mon corps, j'ai de l'estime pour toi et tes sentiments. Je t'aime, parce que tu es mon expression personnelle de la divinité et de la perfection. Pardonne-moi, si je t'ai oppressé avec mes sentiments et peurs. Cher corps, tu es libre ! Nous recommençons à nouveau dans la lumière. Pardonne-moi les malentendus, que j'ai vécu ou attiré dans mon enfance ou dans une relation. Je me libère maintenant de ce schéma.

J'ai eu grande peur, que je ne suffirai pas à autrui et par là non plus à moi-même. C'est de cette raison que la peur est née, de cette angoisse de ne pas réussir ou de ne jamais réussir dans une relation. Pardonne-moi et délie ce nœud, dissous toutes ces peurs.

Je m'en remets à toi ! Je t'aime ! Tu es parfait. Tu réagis positivement aux sentiments bienveillants. Tu es parfaitement capable d'aimer et ainsi tu me rends heureux, -se avec un partenaire / une partenaire. Tu es plaisant et rayonnant. Je te remercie parce que tu es perfection. Je t'aime et c'est le plus important. Nous formons un ensemble et nous sommes toujours heureux, parce que nous sommes une unité indépendante et toujours libre. Lâche tout ce qui t'empêche d'être aimé ou de donner. Pardonne-moi, si tu as eu le sentiment que tu ne me suffisais pas. Dissous maintenant tous ces schémas ! Merci

11. Salutation de son corps et méditation

11.1 Salutation matinale de son corps

La grande majorité des gens n'ont pas conscience des ordres négatifs qu'ils donnent à leur corps. Ils ne savent pas que de ce fait, ils s'affaiblissent constamment. Dès son plus jeune âge, l'enfant voit ses parents, son oncle ou sa tante souffrir lorsqu'ils sont malades. Surtout la génération plus âgée, les grands-parents et leurs frères et sœurs. Mais nous considérions aussi les personnes âgées inconnues comme souffrantes et malades. Bien entendu, nous pensions c'est ainsi quand on est vieux. Conclusion logique : il en ira de même pour moi quand je serai âgé(e).

Ces informations sont mises en mémoire chez le petit enfant déjà. Le moment où nous importons de tels schémas de pensée, n'a aucune importance. Car nous sommes toujours la même âme et qui sait encore, à l'âge de vingt ans, ce qu'il a enregistré comme informations quand il avant cinq ans?

Mais si nous n'annulons pas ces ordres, cela reste en nous. C'est ainsi que des maladies et des maux surgissent en nous comme de nulle part sans qu'aucun médecin ne puisse les expliquer. Ces phénomènes ou ces maladies fantômes se manifestent précisément au moment où nous avons imaginé que nous pourrions être malades. Nous devrions effacer toutes ces « commandes ». Il vaut la peine de le faire tous les matins afin de nous renforcer mentalement. Comme humain, il est évident que je peux avoir une influence sur le moment de mon décès, si je me convaincs que je suis en parfaite santé jusqu'à ma dernière heure.

L'autre peur est celle de dépérir et l'angoisse de la grande souffrance avant la délivrance. Si je nourris continuellement de telles pensées, et si je n'y remédie pas, il est certain que je vais avoir à vivre cela. Les mauvais exemples ne manquent pas parmi nos connaissances ou dans notre entourage. Même si quelqu'un revenait et affirmait que ce n'est pas si terrible, nous ne le croirions pas, tellement nous nous sommes enfermés dans cette vision. Mais arrêtons cela maintenant.

Plaçons-nous devant le miroir et contemplons avec reconnaissance l'œuvre de notre créateur. Un nombre incalculable de nos semblables ne sont pas capables de voir à quel point nous sommes bien faits. Celles et ceux qui ont 20 à 50 kilos de trop encore moins que les autres. C'est si difficile pour eux, parce qu'ils portent encore en eux de vieux schémas de croyance comme : le corps est mauvais et source de péché. C'est pourquoi ils se méprisent, on devine même la haine vis-à-vis d'eux-mêmes dans leurs paroles. Ce sont des expériences issues de plusieurs vies antérieures, au cours desquelles leur corps leur a causé davantage de peine que de joie. Ils ont été indescriptiblement malheureux ; peut-être mariés de force, ils se sont sentis abusés et exploités. De là naît une aversion, qui peut aller jusqu'au mépris. Il n'est pas question ici uniquement d'apparence, les sentiments et les émotions sont aussi refusés, proscrits.

En regardant votre corps dans le miroir vous devriez le toucher et le caresser avec affection. Il n'a peut-être encore jamais reçu cela de votre part dans aucune vie.

Rituel du matin

Cher corps je te regarde, je t'aime. Tu es fantastique, tu es l'expression du divin. Je me réjouis d'être en toi en tant qu'âme. Je te présente mes excuses pour tout ce que j'ai pu dire, penser et faire de négatif à ton encontre, dans cette vie, mais aussi dans les vies antérieures. S'il te plaît, pardonne-moi. Ainsi nous serons libres, toi et moi. Tu seras en parfaite santé jusqu'à la dernière heure.
Aujourd'hui sera une agréable et belle journée. Tout nous réussira avec facilité et légèreté. Dieu bien-aimé, mon Créateur, je te remercie pour mon corps beau et sain. Je t'aime.

11.2 Renforcement et purification de la conscience du corps inférieure

Si vous faites l'exercice figurant ci-dessous au grand air, vous parviendrez à une forte « énergétisation » de votre corps. Il s'agit d'«aspirer» la lumière de notre Mère la Terre (comme elle est un être vivant, on l'appelle aussi Gaia,) de bas en haut par les pieds, en passant par le chakra racine et par le chakra digue pour la faire pénétrer dans le corps. En même temps, nous emplissons nos poumons d'oxygène.

Nous fléchissons un peu les genoux en inclinant légèrement le buste vers l'avant, pour expulser l'air de nos poumons. En même temps, nous pouvons énoncer à haute voix tout ce dont nous aimerions nous libérer. Puis, nous nous redressons en inspirant de l'air frais de manière audible. On peut écarter quelque peu les bras en faisant cela.

Maintenant récitez à voix haute ou à mi-voix :

Invocation de notre Mère la Terre et méditation

Bien-aimée Mère, Terre, Gaia, magnifique conscience de notre planète la terre, je t'appelle et te demande ta merveilleuse force de lumière, qui me procure de l'énergie, me purifie et me met en harmonie avec tes fantastiques énergies vibratoires.

Je souhaite que ta lumière, blanche et pure, remonte à l'intérieur de mes jambes. Que cette lumière devienne jaune dans la zone de mon bassin et rose sur mon plexus solaire. Qu'elle devienne rouge dans la zone du cœur, et bleue à la hauteur de mes épaules, violette dans la zone de la tête. Hors de mon corps, cette dernière devra être verte pour retourner vers notre Mère la Terre. A chaque expiration, je permets à tout ce qui m'accable de s'échapper. J'adresse aussi ces paroles à mon corps, à haute voix.

Corps aimé, libère-toi de tous les schémas qui te tourmentent et qui t'ont été infligés par moi ou par d'autres. A présent, je permets à une lumière magnifique de se répandre en toi, tu seras ainsi purifié et seras plus libre à chaque inspiration. Je sens la lumière circuler en moi et la chaleur à l'intérieur et autour de mon corps.

Ensuite je dis :

Bien-aimée Mère, Terre, je te rends grâce pour cette énergie et pour ton amour. Je t'aime et je te remercie pour tout ce que je suis. Car grâce à toi, j'ai un corps physique et j'ai à manger et à boire tous les jours. Je te rends grâce.

Maintenant, c'est à toi, mon cher corps, que je rends grâce. Je t'aime. Tu es l'expression même du divin et de l'accomplissement. Sans toi, je ne serais qu'esprit et je ne pourrais pas faire l'expérience de la vie sur terre. Ainsi soit-il. Amen

12. Les enfants indigo et leurs parents

Chers parents, avez-vous remarqué que votre enfant, depuis qu'il est en âge de parler, vous raconte certaines choses que vous ne comprenez pas? Si tel est le cas, vous avez sans doute un enfant indigo à la maison. Ce nom leur est attribué car les personnes clairvoyantes distinguent, en les observant, leur aura, qui est d'un magnifique bleu indigo. Il existe cependant également des enfants cristaux et des enfants étoiles, dont l'aura est d'une autre couleur. Comme vous le savez, être en présence d'un tel être est un véritable défi. Ce qu'il dit ainsi que son comportement sont fort différents de ceux des autres enfants. Un enfant indigo n'est pas compatible avec les normes existantes d'un point de vue familial et social. Il faut donc tout remettre en question. Un indigo dit généralement ce qu'il ressent, voit et reconnaît d'une façon ouverte, simple et claire. Un grand nombre d'adultes ont du mal à accepter un tel état de fait, car ils ont pour leur part dû acquérir toutes leurs connaissances en passant par la raison, donc réellement apprendre, d'abord à la maison puis plus tard, cela va de soi, encore davantage à l'école. En effet, les matières leur ont toujours été présentées de telle manière qu'ils n'ont pu procéder autrement. Où réside en fait la plus grande difficulté? Dans le fait qu'un enfant haut comme trois pommes vienne vous raconter quelque chose dont vous n'avez vous-même jamais entendu parler. Et bien davantage encore dans le fait que votre enfant parle continuellement de choses qu'il voit ou perçoit. Il parle et joue même avec des entités qui à vos yeux n'existent pas. En tant que parents, vous avez le sentiment de ne pas pouvoir intervenir sur le sujet, à moins que vous ne qualifiiez votre enfant de fantaisiste.

Il se peut que votre enfant vous raconte des histoires de votre propre enfance ou de votre adolescence. Vous ne pouvez alors plus mettre ses dires sur le compte de la fantaisie. Comment cela est-il possible? C'est à ce moment-là que la plupart des parents sont dépassés par les événements, et leur vision du monde commence à vaciller.

De nombreux parents d'enfants indigo constatent qu'ils peuvent apprendre des choses de leur enfant de trois ans, j'entends, au-delà de ce que nous apprenons de toute façon de nos enfants en les observant au quotidien. Vous pouvez lire quelques-unes de ces histoires au sujet des enfants indigo au chapitre 20 de mon premier livre « **Expériences des mondes intermédiaires** ».

De nombreux enfants indigo ne sont malheureusement pas du tout heureux de leur situation, ils regrettent presque d'avoir fait le choix de leur vie sur terre, dans un certain corps ou avec certains parents. Ils se sentent complètement étrangers à leur situations et surtout très à l'étroit dans leur petit corps. La plupart du temps, l'âme des indigo n'est pas ancrée (incarnée) correctement dans leur corps. Ce qu'ils désirent le plus, c'est de repartir au plus vite chez eux, à la maison, de retourner dans la lumière. Afin de mieux comprendre votre enfant, essayez de vous imaginer que vous adulte, vous êtes coincé dans le corps d'un enfant de trois ans. Vous pourrez ainsi au moins comprendre en partie le confinement auquel l'âme de votre enfant se heurte en permanence.

La suite de ce chapitre permet d'y voir encore plus clair. Pour comprendre encore mieux ce qu'endure une telle âme sur terre, imaginez-vous une âme qui jouit d'une totale liberté en pure lumière. Vous imaginez à peine quelque chose que déjà cela apparaît. Vous voulez aller quelque part et voilà que vous y êtes déjà, etc. Votre enfant indigo se souvient de cet état de fait et ceci surtout lorsqu'il est très jeune, et par la suite éventuellement de façon inconsciente. Cependant, à présent et sur cette terre, si cet enfant désire quelque chose, il doit l'attendre, car au niveau matériel, les choses n'apparaissent tout simplement pas par enchantement. Quel changement! Ne deviendriez-vous pas à votre tour impatient, si vous saviez que tout peut aller beaucoup plus vite? Le fait est qu'un enfant indigo vient sur terre sans être gêné par des énergies élémentaires (libre de karma). Cependant, il n'est en aucun cas à l'abri des énergies élémentaires qu'il peut créer lui-même ou hériter d'autrui au cours de cette vie. Je vous recommande en premier lieu de faire avec votre enfant la **méditation de lumière cristalline**, pour qu'il puisse se stabiliser dans son corps physique. Par la suite, vous pouvez proposer à votre enfant une forme abrégée qu'il pourra faire lui-même pour se sentir bien dans sa peau. Les autres prières renforcent la conscience de soi-même pour l'enfant indigo et pour ses parents concernant la situation particulière d'avoir choisi soi-même une incarnation sur terre.

12.1 Méditation de lumière cristalline de l'archange Michel pour les chakras

Grâce à cette méditation particulière et puissante, vous avez la possibilité de purifier, fortifier et relier entre eux les chakras. Beaucoup de personnes ne savent même pas qu'ils possèdent des chakras, ni comment ils fonctionnent. Le nom «chakra» vient d'Asie et signifie à peu près calice de lumière, lotus de lumière. Ce point de lumière relie les lumières énergétiques du corps de l'aura avec le corps solide. Comme l'énergie spirituelle agit aussi bien au niveau de l'aura que du corps physique, il est très important pour le corps que les canaux soient ouverts pour laisser circuler la lumière. Si certains chakras sont verrouillés par des sentiments, des émotions ou des douleurs, l'équilibre du corps est momentanément perturbé. L'aura agit comme un moule rempli d'énergie pour le corps. Sans aura, pas de corps. L'on observe malheureusement que de nombreuses personnes ont des chakras fermés et en souffrent. Par le biais de cette méditation, nous désirons harmoniser nos chakras, en nous les représentant chacun individuellement et en visualisant la lumière cristalline. Afin de se faire une image simple de la lumière divine cristalline, représentons-nous une sorte d'épi de Noël et que l'on fait tourner en cercle. De notre point de vue, un chakra est une sorte d'entonnoir, qui devient plus grand vers l'extérieur, la pointe tournée vers nous. Nous nous arrêtons avec notre cône lumineux 1 à 2 minutes sur chaque chakra, afin de le visualiser, ce qui signifie que nous nous représenterons le cône avec notre troisième œil. C'est en premier lieu grâce à notre volonté et à notre imagination que nous rendons possible le fait que cette lumière d'énergie divine nous purifie et nous rend plus vigoureux. Nous vivons sur la planète du libre arbitre et sans notre volonté rien ne fonctionne. Car aucun ange de lumière ne peut intervenir en notre faveur et nous aider sans que nous le voulions ou que nous l'ayons demandé.

Je me prépare en m'installant confortablement dans une pièce tranquille, où je ne serai pas dérangé. Je respire paisiblement et régulièrement:

Chakras – Méditation de lumière

Maintenant, je t'appelle, Père-Mère-Dieu-Source originelle et tous les saints anges et archanges, je vous prie d'apparaître chez moi dans cette pièce. Je désire que cette pièce et cette maison soient purifiées des pensées et énergies élémentaires négatives et basses. Seuls des sentiments de pure lumière, de bonheur et de joie peuvent trouver place ici, sentiments qui me réjouissent et me reconstruisent.

Maintenant, je t'appelle, cher archange Michel porteur de la pure lumière d'énergie cristalline divine. Je te remercie pour ta présence et ton aide. Ne donne à mon corps que la dose de pure lumière qu'il peut supporter.

• Nous commençons par le **chakra du ciel**, qui se trouve à env. 2 mètres au-dessus de la tête et nous passerons ensuite par tous les chakras, qui seront nommés individuellement. Il est absolument nécessaire que l'invocation fasse son effet. Attendre 1-2 minutes après chaque supplication.

Je te demande la lumière cristalline.

• Le prochain chakra est le **chakra du front**, on le nomme aussi chakra du troisième œil
Je te demande la lumière cristalline. Dissout tous les hologrammes et fausses images.

• Le **chakra du palais** ou **chakra de la bouche**
Je te demande la lumière cristalline. Laisse seulement sortir des mots et des phrases qui viennent de l'âme.

• Le **chakra de la gorge**
Je te demande la lumière cristalline. Efface toutes les souffrances et souvenirs d'autrefois.

• Le prochain est le **centre divin violet** (il se trouve sur le haut du buste, en-dessous des clavicules)
Je te demande la lumière cristalline. Délie toutes les énergies élémentaires négatives.

• Suivi par le **chakra des mamelons**
Je te demande la lumière cristalline. Dissous tous les vieux sentiments de perte et toutes les douleurs maternelles.

• Le prochain est le **chakra du plexus solaire**
Je te demande la lumière cristalline. Supprime toutes les entraves limitatives.

• Le **chakra de la rate**. (4 cm au-dessus du nombril)
Je te demande la lumière cristalline. Allume la lumière sur la rate.

• Le **chakra du nombril**
Je te demande la lumière cristalline. Dissous tous les ordres donnés par les aïeux, ainsi que les karmas familiaux et les drames des anciennes vies.

• Le **harachakra** (il se trouve à env. 4 cm en-dessous du nombril, pour les femmes dans les organes génitaux, les ovaires et l'utérus)
Je te demande la lumière cristalline. Efface tous les vieux maux et souvenirs des vies antérieures.

• Le **chakra sexuel**
Je demande la lumière cristalline. Dissous toutes les humiliations et peines des vies passées. Tels qu'incestes, abus sexuels, viols et tortures. Transforme tout en joie, plaisir et harmonie.

• Le **chakra de la digue** (il se trouve entre les jambes)
Je te demande la lumière cristalline. Emplis ce chakra anneau de lumière, pour qu'elle puisse circuler

• Les **chakras des genoux** (devant)
Je te demande la lumière cristalline.

• Les **chakras des chevilles** (partie supérieure du pied, garrot)
Je te demande la lumière cristalline. Laisse glisser la lumière à travers les pieds.

• Les **chakras des plantes de pieds**
Je te demande la lumière cristalline.
Je souhaite en même temps me relier avec l'énergie de

*l'amour de notre **Mère la Terre**. Car sans son consentement, je n'existerai pas matériellement. A cet instant précis, je te salue et te rends grâce pour tout et pour chaque jour où j'ai le droit de vivre sur toi et avec toi. Je me lie à toi grâce à cette sainte lumière. Laisse-moi participer à ton ascension dans la dimension supérieure, afin que je puisse me développer davantage et plus facilement. Je te remercie pour ton immense lumière d'énergie et pour la beauté que tu m'offres.*

Cher Michel, ouvre vers le haut le canal de lumière à partir la plante de mes pieds, pour que la lumière cristalline puisse circuler comme dans un tuyau jusqu'au chakra du ciel.

• Les **chakras du creux du jarret** (derrière)
Je demande la lumière cristalline.

• Le prochain chakra est le **chakra racine** (coccyx)
Je te demande la lumière cristalline. Dissous ici toutes les blessures d'autrefois.

• Le **chakra du cœur**
Je te demande la lumière cristalline, qui brille au travers de mon cœur, que cette lumière forme un tuyau lumineux, de l'arrière vers le devant, et provoque en moi un sentiment de bonheur et de grand amour.

• Le **chakra de la nuque**. Il s'étend jusqu'au-dessus des deux épaules
Je te demande la lumière cristalline.
Je voudrais que cette lumière éclatante comme des brillants circule le long de ma colonne vertébrale jusqu'au

chakra racine et fasse le chemin en sens inverse. (Nous nous le représentons lentement et de manière imagée). Je voudrais que tous les nerfs de ma moelle épinière soient complètement fortifiés par cette magnifique lumière, comme tous les organes qui y sont rattachés. Produis tellement de lumière, que nulle part il n'y ait de l'ombre.

• Le **chakra de la paume des mains**
Je te demande la lumière cristalline. Ouvre et emplis mes chakras de la main, pour que je puisse me guérir moi-même et d'autres aussi.

• Le prochain chakra est le **chakra de la couronne**
Je te demande la lumière cristalline.
Je te prie maintenant de lier tous mes chakras de devant et de derrière en différentes bandes de lumière. Remplis tout mon corps et toutes mes cellules de cette lumière et de cette chaleur divines. Je te rends grâce cher archange Michel, pour ton amour et ton travail. Je remercie également tous les autres anges de l'amour pour leur présence et pour leur aide perpétuelle. Je prends congé de vous et de toi, Dieu mon Père. Amen

Lorsque l'on travaille en groupe, le sentiment de réchauffement agit avec beaucoup plus de puissance. Si quelqu'un préside la méditation, nous pouvons calmer notre perpétuelle volonté de raisonner et notre âme peut jouir librement de ce moment. Par la suite, on peut opter pour une **version courte** de cette méditation, à savoir:

Cher archange Michel, je voudrais emplir et activer tous mes chakras grâce à ta lumière cristalline. Je te rends grâce pour ton aide et ton amour. Amen

12.2 Prière pour les enfants indigo

Mon cher Père, Source originelle de tout ce qui est, tu m'as donné la possibilité de venir sur la planète terre. Je voudrais montrer aux humains que le véritable être du cœur est pure lumière. Je demande donc de pouvoir me sentir complètement à l'aise dans mon corps en tant que réceptacle. Je te rends grâce, Père, parce que tu as créé mon corps, tu lui as donné une parfaite santé, c'est d'ailleurs pourquoi je m'y sens bien. Je te remercie d'avoir reçu des parents qui m'ont désiré et accueilli avec tout leur amour et avec grande responsabilité. Je te remercie, Dieu, parce que la vérité et ta lumière de l'amour peuvent briller à travers moi et éclairer mon chemin, ainsi que celui de mes chers parents. Cela nous permet d'accepter plus facilement d'être incarné dans la matière. Je te remercie pour cette vie et la grande joie qui en découle. Ainsi soit-il. Je suis celui/celle que je suis. Amen

12.3 Prière pour les parents

Père bien-aimé, Dieu, maître de l'univers, nous te remercions de nous avoir offert un tel rayon de soleil. Nous voulons assumer pleinement notre responsabilité et offrir à cet enfant tout qui est en notre pouvoir, c'est-

à-dire un bel endroit protégé sur cette terre et désirons partager avec lui le plaisir de vivre.

Dieu, nous te rendons grâce pour l'amour qui émane de cet enfant. Ceci doit nous rappeler d'où nous venons et où nous pouvons retourner. Aide-nous, afin que les pensées pures du cœur nous guident à travers les égarements de notre monde matériel.

Dieu, nous te disons un grand merci, parce que cet être pur nous rappelle la légèreté de notre être. C'est un grand cadeau de ta part. Lumière et joie en nous et dans tout ce qui est. Amen

13. Notre Mère la Terre

La plupart des humains vivent ici sur la terre et n'ont aucune conscience spirituelle, ils ne se savent même pas qu'ils ont une conscience spirituelle. Ils sont convaincus que le spirituel n'existe pas. Par contre, d'autres se disent très croyants et appartiennent ou sont asservis à une religion, à une Eglise. Ils considèrent ce qu'on leur y propose comme réalité et vérité. Cependant, ils ne sont plus ouverts ou en quête, car on leur a inculqué qu'il n'existe qu'un seul Dieu ou, comme en Inde, des milliers de dieux, qui ne se trouvent pas ici sur terre, mais dans des contrées très lointaines. Ces derniers ne seraient accessibles qu'en faisant des offrandes ou en faisant l'obole au clergé. C'est, à peu de chose près, c'est comme si une vache ou un cochon croyait que sans leur maître ou leur fermier, ils mourront forcément de faim dans la nature. Je tente par là simplement de vous expliquer comment on nous pose ainsi des limites, et ceci depuis de nombreuses vies. Si un humain pratique ce mode de pensée, c'est un peu comme si quelqu'un estime que tout est dur, raide et mort autour de nous et va se promener à l'endroit même où aura lieu peu de temps après une éruption volcanique. C'est ce que l'on nomme le fatalisme. La terre se meut et se déforme à chaque fois que la lune se lève ou se couche. Ces gens-là affirmeront alors que la terre est comme un ballon en caoutchouc, qui est aussi déformable. Ce que ces personnes ne peuvent pas admettre, c'est qu'en tant qu'être physique, nous sommes dépendants de la terre, mais qu'elle n'a nullement besoin de nous. Ces personnes ne reconnaissent qu'avec difficulté que nous sommes également esprit, mais en aucun cas elles ne croient cela pour un animal, une plante, ou encore beaucoup moins pour notre terre, la matière. Ce ver de terre qu'est l'humain est tout juste capable de s'imaginer qu'il est accompagné ou guidé par un esprit. Cependant pour ce très grand corps qu'est la terre, personne ne peut vraiment se représenter qu'elle a une âme ou un Guide, à savoir le Créateur. Pourtant, c'est ainsi, elle a même un nom. Elle s'appelle Gaïa et est donc de nature féminine. Notre Mère la Terre partage sa mission avec les grands Esprits de la matière. Nous pouvons leur parler, ils réagissent à nos invocations. Quand nous souffrons, ils souffrent aussi. Ils existent par nous, font partie de nous. Lorsque vous vous trouvez en pleine nature, une nature encore vierge, essayez de les appeler et vous les percevrez. Justement, ils nous attendent. Et ils apprécient tout ce qui est énoncé avec honnêteté et pur amour. Vous pouvez commencer par invoquer l'esprit de l'air, des nuages, du vent et des tempêtes et vous découvrirez soudain des figures ou des formes malicieuses dans les nuages, comme vous n'en n'avez jamais vues auparavant. Ou bien invoquez la Conscience collective des plantes ou des animaux. Vous serez très surpris par ce que vous ressentirez alors.

Je vous propose la **prière pour notre Mère la Terre**. C'est une prière pour la guérison de la terre, une façon d'entrer en communication avec elle.

13.1 Prière pour notre Mère la Terre

Bien-aimée Mère-Terre, Gaïa, je t'appelle ainsi que tous les hauts guides spirituels des Eléments. Je t'appelle en étant sur toi, place que j'honore et aime. Je te remercie pour toutes les belles choses que tu mets à notre disposition et que tu nous offres. Avant tout, un grand merci pour ce que tu me donnes à manger et à boire au quotidien, nourriture et boisson que tu m'offres. Par cette offrande, j'ai un corps matériel, que tu m'as prêté. Sinon je ne serais qu'esprit. Je te rends grâce pour avoir pris en charge la grande et difficile mission de notre Esprit créateur. Combien de choses dois-tu endurer et subir à cause de nous autres humains? Nous forons en toi, nous creusons en toi, nous empoisonnons et détruisons ta belle surface naturelle. Je te demande pardon pour toutes mes contributions personnelles à tes souffrances. J'en suis désolé. Je sais cependant que tu ne veux plus supporter ceci éternellement. Je comprends que tu veuilles une fois te purifier et te délivrer de tes tortionnaires ingrats.

J'aimerai à présent appeler les Esprits des éléments, pour également les remercier.

Je t'appelle, grand esprit de l'air, du vent, des tempêtes et des nuages. *Je te sens à chaque seconde, puisque tu m'offres à moi ainsi qu'aux autres ton oxygène pur, dont j'ai un urgent besoin. Je te remercie parce que tu autorises les oiseaux, et moi également, à évoluer dans ton élément. Un grand merci pour les belles images de nuages, qui sont un de tes cadeaux et je te remercie également de répartir si bien l'humidité sur terre. J'aime ta douce brume sur ma peau. Je te re-*

mercie pour le miracle que sont les cristaux de glace et de neige, ainsi que pour la pureté de la neige. Je rends grâce à toi, esprit de l'air.

Je t'appelle, grand esprit de l'eau, des sources, des rivières et des fleuves, mais aussi des lacs, mers et océans. Je te remercie pour la bonne et précieuse eau, qui nous donne la vie. Moi aussi, je me compose pour trois quarts de toi. C'est pourquoi je me sens si relié à toi. Sans toi, il n'y aurait pas de vie sur terre. Je te rends grâce, parce que tu héberges tant de vies dans tes grandes eaux, lacs, mers et océans. Je t'aime et je te remercie.

Je t'appelle, grand guide spirituel de la matière terre et des mondes des cristaux. Je te remercie pour ta variété et les formes si diverses sous lesquelles tu te montres à nous et avec lesquelles tu nous portes et nous supportes. Je te remercie pour ces grandes et merveilleuses montagnes, qui font barrière aux grandes masses d'air et sont le siège des tes mondes cristallins secrets. Ce sont les gardiens de savoirs ancestraux, mais aussi de tes larmes. Je te présente mes excuses pour l'exploitation abusive que l'on pratique sur toi et en toi. Je t'aime et te rends grâce.

Je t'appelle, grand esprit des mondes minéraux. Tu es le gardien des minéraux, du pétrole, du charbon et de beaucoup d'autres richesses de la planète. Je sais que le Créateur a pris avec sagesse toutes ses précautions pour nous et qu'il a mis de côté des réserves pour nous. Cependant, vous devez à présent assister, presque impuissants, au gaspillage abusif de ces biens par les humains. Je te remercie pour ces produits de la terre si précieux. Je t'aime et te rends grâce.

Je t'appelle, grand esprit du feu et de la lumière. Si tu n'habitais pas l'intérieur de la terre, notre terre ne serait rien d'autre qu'un bloc de glace. Avec tes nombreux auxiliaires, tu veilles à la bonne répartition de la lumière du soleil sur terre. Tu te charges aussi de la chaleur et de la lumière dans chaque feu. Sans toi la planète n'aurait jamais été habitable. Je t'aime et j'aime également la lumière en moi. Un grand merci.

J'appelle le grand guide spirituel de la conscience collective des animaux sur la terre et dans les airs. Vous, merveilleux animaux, vous nous accompagnez en permanence et vous êtes les créatures les plus charmantes. En effet, Dieu seul peut créer de tels êtres. Vous êtes tellement soumis et plein d'amour. Sans rancune et méchanceté, vous vous sacrifiez même pour nous. Je vous rends grâce et vous remercie.

J'appelle le grand guide spirituel de la conscience collective des animaux dans l'eau, avant tout celles des baleines et des dauphins. Vous êtes les seigneurs et les souverains des mondes marins, qui sont trois fois plus vastes que la terre ferme. Je vous remercie pour la richesse au niveau de la vie dans les mers. Je vous remercie de maîtriser la mer qui est votre sphère de vie. Je vous rends grâce pour votre humilité et votre grand amour envers les humains. Je m'excuse pour tous les hommes qui vous persécutent et vous abattent. En amour, je vous remercie.

Je t'appelle, grand guide spirituel de la conscience collective des plantes sur terre et dans les eaux. Tu nous nourris. J'aime ta magnificence, toutes tes plantes sont les parures vivantes de la terre. Sans vous, la terre serait triste et vide. J'aime les fleurs et leurs parfums.

Je vous aime et vous remercie.

Maintenant je t'appelle, grand co-créateur, esprit, frère (sœur) soleil. Tu es la plus grande et majestueuse constellation au firmament. Je te rends grâce pour ta chaleur et ta lumière inépuisables. Sans toi, la terre serait seulement une étoile de glace et ne porterait aucune trace de vie. Je te remercie pour tout cela.

Et maintenant je t'appelle, Toi, le plus grand Créateur Tu es le Seigneur qui a tout créé pour nous, avec ta grande sagesse et ton amour infini et tu nous en fais cadeau. Je te rends grâce parce que pour moi tu n'es pas inaccessible, puisque tu es dans mon cœur. Je te sens toujours quand je t'appelle. Je t'aime par-dessus tout, parce que tu m'autorises à t'appeler Père et Créateur. Je suis une partie de toi et tu m'as créé avec ton amour. Je t'aime pour tout ce que tu es pour moi et pour tout ce que tu me donnes. Amen

13.2 Prière pour la nature printanière

Bien-aimé Dieu, Créateur en moi et en toutes choses, je t'appelle pour te rendre grâce. Comme ta lumière est magnifique et chaude en cette belle journée printanière, où tout ce qui hibernait s'éveille. Merci de m'accorder la santé, ainsi que le pouvoir et le droit de percevoir beaucoup de choses splendides. Je me réjouis des premières graminées et fleurs, de la floraison des arbres et des arbustes. Après cette longue période froide, le retour de la verdure est pour moi comme une renaissance. La lumière bienfaisante dispensée par notre corps-soleil, co-créateur venu de Toi, éveille tout à la vie à présent. Suite à ce nouveau miracle, mon cœur bondit d'allégresse.

J'hume la senteur toujours plus intense de la terre, des fleurs et des floraisons. Je sens l'odeur de la rivière et du lac et perçois le grand plaisir des esprits de ces éléments. J'entends le murmure de la nature, des plantes et des gnomes, qui se réveillent maintenant pour de vrai. Je te remercie pour la vie des animaux dans l'air, qui se réjouissent à présent de la lumière qui réchauffe, ils chantonnent et jubilent. J'entends le rire des enfants, qui courent maintenant de nouveau autour des maisons. Eux aussi se réjouissent du printemps.

Mère lumière-Père lumière, merci pour la nouvelle vie de cette nature réveillée. Je suis une partie du tout, mes principes vitaux s'éveillent aussi. Cependant, je n'obtiens ce printemps éternel et ce sentiment de bonheur dans mon cœur que par toi, source de tout ce qui est. Amen

13.3 Pour le soleil

Le soleil – notre planète de la lumière et de la vie. Sans lui, la terre n'existerait pas sous cette forme. Sans lumière, qui transforme de nouveau les esprits de la nature de l'élément air en chaleur, il n'y aurait pas de vie. Dans les cultures anciennes, le dieu ou la déesse Soleil était vénéré(e) et adoré(e). Les humains savaient alors déjà que rien ne pousse et que rien ne vit sans la lumière du soleil. Nous-mêmes, humains « technologistes », qui sont si peu liés à la nature, nous le remarquons. La souffrance commence à se faire jour chez l'humain et l'animal après trois semaines de pluie, de temps couvert et de températures basses.

Qu'y a-t-il de plus beau et émouvant que le soleil qui se lève derrière les collines et les montagnes? Quand l'obscurité dans laquelle je me trouve encore, est absorbée par l'aurore qui s'approche rapidement en venant de l'est? Quand la douce lumière du matin caresse les montagnes, qu'elle se pose affectueusement au-dessus des prairies et des arbres et sèche la rosée qui orne l'herbe. Les brumes du sol se colorent d'un rose lumineux, comme des amoureux s'embrassant devant le soleil levant et en rougissant.

Puis quand le globe du soleil, qui brille d'une couleur rouge-jaunâtre, monte tout au fond à l'horizon vers le ciel, il semble que la terre vibre au gré des couches atmosphériques. Au-dessus du sol qui devient tout doucement clair, je vois les particules qui se déploient et se meuvent vers moi. Cela ressemble souvent au déferlement des flots en bordure de mer. Ces vagues douces sont d'une lumière scintillante, qui m'effleure doucement et me donne de l'énergie. Ce sentiment indescriptible est incomparable. C'est l'effleurement de la lumière dispensant la vie, avec les esprits de mon corps et avec mon âme.

Les magnifiques couchers du soleil sont aussi sublimes et très impressionnants. Mais le coucher est l'affaiblissement, l'extinction de la lumière. Nous savons pourtant que le soleil ne peut jamais couler ou s'éteindre, pourtant son coucher produit sur nous cet effet. Pour notre corps commence alors la phase de repos, car il a besoin de calme, de sommeil et de repos. Par contre, notre âme est constante, vive et toujours active, comme le soleil. Ce n'est pas parce que le jour prend fin qu'elle est fatiguée, c'est un phénomène que l'on peut observer chez les enfants qu'on a souvent de la peine à mettre au lit. L'âme est indestructible et éternellement vivante. Elle est seulement liée au corps temporairement, pendant une certaine période et naturellement à chaque nouvelle vie comme incarnation. Elle est comme le lever du soleil dans la nouvelle lumière. L'âme est aussi avide de soleil, elle en est insatiable.

Par contre, l'obscurité est presque insupportable pour l'âme et elle la fait souffrir. Elle s'est également chargée de souffrances et de douleurs au cours des différentes époques et dans les différents endroits où l'humain était et vivait. On lui a fait beaucoup de mal, et les souffrances se sont accumulées. A chaque méfait, l'âme s'assombrit et se sépare davantage de sa lumière intérieure. L'humain en est bientôt tellement affecté, qu'il ne peut plus ou ne veut plus se réjouir de sa vie. Il ne supporte presque plus la lumière et se sent attiré par les ténèbres. Partout il y a une multitude de ces vies obscures et la relève ne s'épuise pas. Quand l'humain en souffrance remarque enfin que sa volonté est manipulée, qu'il n'est plus lui-même, qu'il ne décide plus par lui-même, à ce moment-là, il est déjà presque trop tard pour son âme.

Accueillir de la lumière vaut la peine, essayez d'en capter le plus possible. Je n'entends par là pas uniquement la lumière du soleil, mais également la lumière divine. L'âme a elle aussi souvent besoin d'une douche purifiante et d'un baume raffermissant, au même titre que notre corps physique.

Prière pour le lever du soleil

Mère-Père-Dieu de la lumière, de l'amour de la vie, je t'appelle !

Merci pour la lumière de vie que tu nous offres grâce à la planète soleil. Tu as tout créé si magnifiquement – une belle et bonne vie. Je t'appelle à présent, frère (sœur) soleil, toi aussi esprit créateur!

Comme tu es majestueux et infiniment beau ! Tu as reçu mission du Créateur originel de répandre la lumière. Merci pour cette lumière créant la vie qui rayonne de la même façon pour toutes les créatures sur cette terre. Je me réjouis ce matin et tout au long de la journée, parce que je te vois et te sens.

Je sais que tu enverras vers moi ton faisceau de chaleur et de lumière aujourd'hui, demain et jusqu'à la fin des temps. Je t'aime ainsi que Mère-Père-Dieu. Amen

13.4 Prière et remerciements pour toute créature

Cette prière peut-être dite comme une méditation, tout lentement, afin que les participants puissent tout visualiser :

Grand Dieu et Créateur de tout ce qui existe, je t'invoque parce que je veux te remercier pour tout ce qui vit autour de moi. Merci pour le travail de tes esprits des royaumes des minéraux et des plantes, ceux des royaumes des eaux et des animaux, de même que les esprits de l'air, du feu et des royaumes de la lumière.

Chère Source originelle, je te rends grâce parce que j'ai le droit de vivre ici et maintenant sur terre belle et grandiose que tu as créé toi-même. Je te remercie d'être une partie de l'ensemble et de pouvoir vivre ce temps béni, en tant qu'enfant de Dieu. Je sens ta lumière en moi. Cet amour, que je perçois et vis, est de toi, c'est un fragment du ton amour infini. Elle me donne la force de tout accomplir avec légèreté, espérance et joie. Comme ta créature vivante et sensible, j'aimerais te convier à rayonner au milieu de mon cœur de ta chaude lumière divine. Là où habite en moi ta divine conscience suprême doit se répandre cette bienheureuse lumière rose, qu'elle m'entoure, ainsi que mon espace vital, ma maison, mon village, ma région, ma patrie, tout le continent et puis tout le globe terrestre. Que ta lumière rouge de l'amour brille et vibre tout autour du globe terrestre.

Je souhaite que tous les esprits suprêmes des éléments, des royaumes du feu, de la lumière, des eaux, des minéraux, ainsi que des plantes et des animaux ressentent et perçoivent mon amour et ma reconnaissance.

Oh, bien-aimée Source infinie, je te remercie pour ma joie et mes sentiments de bonheur que je vis dans cette dimension temporelle. Mon cœur est choyé par le caractère divin de ta grandeur en toute chose. Que la petite tristesse que je ressens face au caractère éphémère de mon enveloppe corporelle soit dissoute par ma foi, ma confiance et ma connaissance des magnifiques mondes de lumière, que tu as toujours mis à notre disposition. Lorsque j'enveloppe ici ta vivante création avec ta lumière d'amour, mon âme ressent à nouveau le désir ardent de retourner auprès de toi, dans la lumière. C'est pourquoi je ramène ta lumière sur notre terre. Je te prie pour que tu baignes de ta lumière salutaire tous mes frères et sœurs, lesquels sont simultanément avec moi sur le chemin de la connaissance. Conduis-nous hors de notre obscurité intérieure dans ta lumière du Christ.

Mon Dieu Créateur, je te rends grâce pour mon être, mes sens et mes sentiments. Grâce à eux, je peux percevoir une partie de l'ineffable grandeur. Je t'aime et j'aime tes œuvres. Amen

14. Réconciliation avec les esprits de la nature

(Nains, gnomes, elfes et fées)

A la seule lecture de ce titre, beaucoup se moqueront ou risqueront même de se faire éclater la rate à force de rire. Mais en vérité, sachez que ces esprits existent, au même titre que beaucoup d'autres choses. Les «moqueurs» sont, comme la plupart des êtres humains, tout simplement aveugles. Cependant, lorsque ceux-là même constatent un beau jour qu'une chose bouge toute seule ou qu'elle est continuellement détruite, ils commencent à se poser des questions, parce qu'ils ont peur. Pourtant, ces êtres appartiennent à notre monde et font partie de notre planète. Sans eux, nous n'existerions peut-être même pas?

Ces différents esprits de la nature font en fait le lien entre l'âme animale et l'âme humaine. Comme vous allez le découvrir dans le chapitre suivant, les âmes des animaux sont dirigées par leur « animalité », c'est-à-dire liée à leur être animal. Cependant, lorsqu'un animal a vécu pendant longtemps à proximité d'humains, que son corps, c'est-à-dire sa chair, a souvent eu contact avec les cellules de l'appareil digestif humain, naît alors dans l'âme de ce dernier le désir de devenir à son tour un être disposant de ses propres émotions et de son propre libre-arbitre. On proposera à cette âme animale de vivre comme âme à l'extérieur d'un corps animal, pour ainsi dire à l'essai. C'est ainsi, et selon la disposition naturelle de cette âme en devenir, que naissent nains, elfes ou fées. Au départ, ces nains ont encore une apparence quelque peu grossière, mais avec le temps, ils deviennent de plus en plus «humains». Ils font le lien entre le monde animal et les êtres humains. C'est pourquoi la plupart d'entre eux vivent très timidement à proximité des hommes et de leurs animaux domestiques. Ils vivent souvent autour des fermes ou des maisons un peu isolées ou qui disposent d'un jardin. Plusieurs générations de nains y vivent généralement, atteignant toujours un âge identique à celui qu'ils auraient atteint en tant qu'animal. Ils nous observent, nous les hommes, et par ce biais, ils veulent apprendre. Puis il y a les elfes et les fées, ils sont le lien entre les humains et les plantes, les fleurs, les arbustes et les arbres. En hiver, ils aiment se tenir dans les maisons. On peut parfois les apercevoir, ce sont ces boules de lumière bleuâtre, à moins qu'ils ne prennent la forme d'un feu follet dans le salon, voltigeant entre les plantes d'intérieur. Quand nous sommes contents et heureux ou quand nous prions, ils gagnent en confiance et se plaisent à sautiller autour de nous. Ils apprécient cette énergie. Mais, quand nous sommes de mauvaise humeur, ils déguerpissent sur-le-champ. Quand nous parlons aux plantes ou aux fleurs, nous attirons également de nombreux elfes, qui apportent à leur tour un soutien positif aux plantes et s'en occupent avec amour. Quand nous nous adressons aux animaux et leur prodiguons des caresses, il y a souvent beaucoup de fées ou de nains à proximité, qui se réjouissent de ces bonnes énergies. Mais quand un humain devient méchant et injuste envers des animaux fidèles et innocents, alors les nains et les fées commencent à les défendre. Ils trouvent ce comportement injustifié et peu charitable. Les elfes ressentent ou remarquent également lorsque des personnes sont méchantes ou négatives envers les plantes. Ces expériences vécues avec les humains seront mémorisées et transmises aux autres. Il se peut ainsi que, sur un terrain ou une prairie particulière, subitement plus rien ne pousse ou ne croisse. Ce ne sont que des situations de ce genre qui font enfin remarquer aux hommes qu'il existe bien d'autres choses que ce dont ils ont connaissance ou ce qu'ils sont capables de percevoir.

Je qualifie d'esprits de la nature les êtres des niveaux les plus bas, qui sont issus directement de la matière de la terre et du monde des esprits des plantes. Souvent ils se composent de nombreux êtres spirituels et prennent, en tant que gnomes, les formes les plus singulières et les expressions les plus particulières. Parfois, ils ont l'apparence d'une souche ou ressemblent à s'y méprendre à une pomme de terre, à moins qu'ils n'aient l'air d'un champignon ou embrassent la forme de petits buissons. Ces derniers peuvent devenir très méchants, surtout lorsqu'ils sont en groupe, par exemple si l'on effectue des travaux dans des carrières, des tunnels, ou lorsqu'on procède à des défrichements ou des déblaiements de roches. Lorsqu'on fait sauter des rochers sans avoir demandé au préalable l'autorisation à notre Mère la Terre et convaincu les créatures spirituelles de la nature de l'urgence des travaux, cela peut également les fâcher. Dans ces moments-là, elles peuvent être très excitées, et l'on peut remercier sa bonne fortune lorsque le vent ou la tempête les soulève et les emporte au loin. C'est pourtant précisément de cette façon qu'ils se lient aux esprits de l'air et peuvent parfois se muer de manière foudroyante en une forte tempête ou un ouragan. De telles tempêtes n'ont plus rien à voir avec les perturbations météorologiques habituelles. Ces typhons se manifestent et se produisent sans crier gare. La cause réelle de telles manifestations sont en fait les perturbations causées par l'homme à l'organisation de la nature première. On peut classer dans cette catégorie les menaces infligées à la forêt vierge, la déprédation de l'intérieur de la terre, l'explosion et la démolition des roches des forages pour le pétrole.

Oui, l'homme est littéralement champion du monde en matière de destruction de la nature. Mais celle-ci est plus forte que lui et lui rend ses coups. Elle n'est pas en colère, elle cherche uniquement à rétablir l'équilibre. Nous humains sommes invités à intervenir avec la force de vie qui est la nôtre et qui nous habite, appelés à détacher et à libérer. Si, dans certains endroits, vous ressentez une perturbation, pratiquez ce rite de délivrance. Allumez une ou plusieurs bougies et libérez au préalable votre tête de vos préoccupations quotidiennes.

Prière pour les esprits de la nature dérangés

Bien aimé Dieu-Créateur et Jésus-Christ en moi et dans tout ce que tu as créé, je fais appel à toi, ici et maintenant pour aider ces êtres dans la souffrance. Tu leur as donné la possibilité, comme à nous-mêmes, de vivre et d'évoluer sur cette planète. Je vous appelle maintenant, anges de lumière, de vérité et de joie, aidez-moi à parler avec ces créatures et à leur venir en aide. Je vous appelle maintenant, innombrables esprits de la nature: nains, elfes et fées. Je vous remercie d'être prêts à m'écouter. Rapprochez-vous, je vous prie, je voudrais apprendre à mieux vous connaître. Pardonnez-moi de ne pas avoir pris contact avec vous plus tôt. En effet, je ne savais rien à votre sujet, ni au sujet de votre mission, de vos soucis et de vos besoins. Je vous présente mes excuses pour tout ce que je vous ai fait alors que j'étais encore dans l'ignorance de votre existence. Je vous prie aussi pardonner à tous mes semblables, qui n'en savent pas davantage et se sont, de ce fait, rendus coupables à votre égard. Pardonnez-nous.

Je demande à la divine lumière de l'amour en mon cœur de se répandre sur vous et de vous guérir. (Dans le plus grand amour, je m'imagine comment la lumière rouge du cœur du Christ émane de mon cœur et se déploie sur les esprits présents et sur tous les alentours). Je vous en prie, chères créatures, laissez là vos frustrations, douleurs et haines et devenez libres. Débarrassez-vous de vos colères destructrices, avant qu'elles ne vous détruisent. La loi de cause à effet est valable pour vous comme elle l'est pour nous. Aspirez à la lumière de l'amour de Dieu qui est présente en chacune de ses créatures et par laquelle il vit en nous. Cherchez et trouvez-la, vous serez ainsi sains et emplis de lumière. Ainsi soit-il. Je te rends grâce, Dieu, Jésus, comme je rends grâce à tes nombreux anges pour leur amour et leur aide. Amen

Tout jardinier, maraîcher ou cultivateur peut réciter une telle prière dans son jardin ou dans ses champs. Il aura ainsi à sa disposition de nombreuses aides invisibles, qui s'occuperont avec bienveillance de ses animaux et de ses plantes.

15. Ames animales

Contrairement à l'homme, les animaux ont des âmes «orientées», c'est-à-dire que ces derniers resteront toujours au statut «animal» et en tant que tel, ils n'évolueront pas. En règle générale, ils retournent, après leur mort physique, dans le groupe des âmes animales et se réincarneront de nouveau en un même animal. Mais comme ils vivent dans le voisinage de l'homme, ils peuvent cependant connaître une évolution sur le plan psychique. Après un certain temps, ils ont même l'opportunité de passer à une autre espèce animale plus évoluée. Du point de vue des sentiments, l'animal est constitué plus simplement que l'homme, il connaît cependant la joie et la tristesse. Il ressent de la sympathie et de l'antipathie ainsi que la douleur. Il ne peut en expliquer le «pourquoi», mais accepte la situation telle quelle est. Quand un animal, par exemple un cochon ou une vache, se sent à la maison à un certain endroit, il revient souvent sur ces lieux après sa mort physique. Ce n'est cependant le cas uniquement s'il a vécu peur et colère peu de temps avant, ou pendant sa mise à mort. Il suffirait de parler avec empathie à cet animal et de lui expliquer qu'il a fait son temps en tant qu'animal sur cette terre, qu'on l'aime et qu'on le remercie, pour qu'il le comprenne et aille volontairement à la mort, car il est venu pour être à votre service. Mais comme cette procédure de mise à mort est la plupart du temps atroce et douloureuse, l'âme animale semble y perdre d'un seul coup sa bonté. Elle ne sait apparemment pas à elle-même ce qui lui arrive. Il semble que c'est la force de ses pensées qui lui disent en un tel instant «tire-toi d'ici au plus vite, retourne à l'étable ou à la maison ». C'est pour cette raison que cette âme animale simple ne sera plus libre ; elle sera de ce fait liée par elle-même.

Imaginez à présent qu'une telle âme animale revienne dans son étable, elle y voit les autres animaux et eux la voient également! Mais ses maîtres ne perçoivent plus la présence de cette bête morte. Cet animal souffre en tant qu'âme. En effet, elle ne reçoit plus rien à manger et elle remarque que sa présence est ignorée. Je ne sais pas à quel point cette dernière souffre ou ressent de la douleur, mais je sais que le potentiel d'énergies négatives augmente alors. Je le perçois et le ressens toujours. Les autres animaux dans l'étable souffrent aussi, parce qu'ils ont peur de cet esprit qui est visible pour eux. En réalité, il en va de même pour nous êtres humains : par exemple lorsqu'un père qui a été le chouchou de la famille du temps de son vivant retourne en tant qu'âme dans son foyer après un accident mortel, il apparaît que soudain les siens ressentent tous une angoisse mortelle vis-à-vis de lui. Lui, pourtant, demeure et se sent toujours le même. C'est très triste, car dans de telles situations, les humains portent des œillères ou manquent considérablement de conscience. Les âmes animales ne doivent pas forcément vivre avec leurs congénères, elles séjournent souvent dans des étables vides. Elles rendent aussi souvent visite à des personnes sensibles dans leur maison ou leur appartement. En de tels endroits, avoir un sommeil réparateur n'est plus possible.

15.1 Prière de délivrance pour les âmes animales qui souffrent et demeurent liées à la terre

Cher Créateur en moi et en toute chose qui est, cher Jésus-Christ, aide-moi, avec tous les anges de lumière, de vérité et de joie. Portez secours aux pauvres âmes de ces animaux emprisonnés, aidez-les à se libérer. Traduisez mes paroles, afin qu'elles puissent me comprendre. Maintenant je vous appelle, vous nombreux animaux qui vous trouvez ici et vous sentez malheureux. Vous êtes des animaux morts, vous n'avez même pas remarqué ou ressenti votre mort. Une grande angoisse s'est emparée de vous avant de mourir, vous n'étiez pas préparés à cela. Vous ne pouviez pas du tout comprendre ce qui vous arrivait. Vous vous êtes enfuis à l'endroit même d'où vous veniez, ici dans cette étable ou sur cette prairie, voire même dans la maison où vous avez vécu ensemble avec nous êtres humains.

Je veux vous présenter mes excuses, au nom des humains qui vous ont torturés et méprisés. Vous êtes des créatures animales merveilleuses nées des mains de notre Créateur. A présent libérez vos peurs, vos frustrations ou votre colère. Car vous ne pourrez pas vous délivrer et partir d'ici si vous ne lâchez pas prise, ni n'abandonnez ici votre ancienne vie et la demeure qui était la vôtre.

Je vous en prie chers anges, aidez ces âmes animales à trouver leur chemin, qui les conduira au lieu de leur destination. Au nom de notre Créateur, de l'amour et de Jésus-Christ, allez maintenant et soyez libres. Ainsi soit-il. Amen

Si les perturbations constatées devaient continuer chez vous ou chez vos enfants, répétez cette prière au moment même où vous vous sentez dérangé, si besoin également la nuit.

15.2 Pour les animaux

Si vous prenez le temps d'observer les animaux, de regarder comment ils vivent sous nos latitudes, vous remarquerez alors que la plupart d'entre eux sont fait de bonté et d'humilité. Ils sont là pour servir, semblent ne rien attendre et on ne sait pas exactement ce qu'ils perçoivent et «pensent». Cependant, ils ont des sentiments, éprouvent de la sympathie et ils sont fidèles, surtout. Je pense avant tout à nos animaux domestiques et de bassecour, mais aussi aux oiseaux qui volent autour de nos maisons. Ils tiennent compte de notre présence et savent comment nous nous portons et ce que nous ressentons. Les clairvoyants peuvent même voir une très belle aura rouge, couleur de la lumière de l'amour, autour des animaux sauvages dans la forêt. Nous pouvons adresser la parole à tous les animaux et leur communiquer notre amour. L'amour envoyé à ces créatures animales nous revient toujours d'une certaine manière.

Si quelqu'un fait souffrir ou dédaigne les animaux, il provoque un karma négatif en lui. Et ce dernier sera toujours lié à cet être humain, c'est une énergie de douleur qui ne partira pas d'elle-même ou qui ne disparaîtra tout simplement pas. De tels éléments de souffrance doivent être dénoués par celui qui en est responsable lui-même afin de rétablir l'équilibre. Personne ne peut penser, « si je maltraite le chien ou le chat du voisin, cela ne fait rien et je n'en serai pas affecté en conséquence ». Non, ce n'est par vrai. Car la loi de cause et à effet fonctionne toujours et elle n'omet jamais rien.

Y a-t-il quelque chose de plus beau que de faire parvenir une prière à un animal sur une prairie ou dans une étable? Cela fera également du bien aux animaux du lac, de la forêt ou du jardin. Les paroles de votre prière seront encore mieux perçues et elles auront un effet optimal si vous prononcez cette dernière à haute voix et que les anges de l'amour prient et invitent les animaux indirectement présents à y participer.

Prière pour les animaux

Chères âmes animales, je vous appelle, écoutez-moi. Je suis heureux de vivre avec vous sur cette planète. Vous êtes des créatures splendides et un véritable ornement pour la terre. Vous nous servez et nous aimez, nous les humains, même si beaucoup d'entre nous ne le perçoivent pas et ne vous apprécient guère. C'est pour eux que je voudrais m'excuser. Je vous aime, vous et vos âmes. Je vous couvre de la lumière rose de l'amour et de la chaleur de mon cœur. Je te remercie Père-Mère-Dieu pour toute cette vie fantastique qui fourmille dans cette heureuse diversité animale, dans le microcosme comme dans le macrocosme. Merci pour la diversité du monde des oiseaux, qui enrichit notre vie et merci pour tous les animaux qui vivent avec nous.

Je voudrais aussi envoyer mon amour à tous les animaux vivants sous terre et dans l'eau. Un grand merci pour ton amour et ton divin fleuve de guérison, dans lequel moi et les miens baignons. Amen

16. Purification des énergies de la terre les plus basses

Comme on le remarque à travers les expériences relatées dans ce livre, on ne peut effacer ou dissoudre ces énergies-matière terrestres qu'en utilisant de l'huile bénite (huile de lumière). Cette forme d'énergie particulière se situe encore au niveau des vibrations des matières terrestres. Malgré le fait qu'elle puisse être perçue sur le plan spirituel et par les clairvoyants, elle-même n'est pas encore pourvue de conscience. De ce fait, on ne peut pas lui adresser la parole et on ne peut non plus la défaire par une prière, car elle ne « sait » pas qu'elle existe. Lorsqu'elle nous envahit, une huile normale ou plusieurs douches ne sont d'aucun secours.

Bénédiction de l'huile:
On peut utiliser n'importe quelle huile de table pour ce faire, mais quand il s'agit de la peau, une bonne huile d'olive ou de tournesol est plus appropriée. Placez l'huile sur la table et entourez-la de quelques bougies allumées. Prononcez à voix haute la prière suivante:

Bien-aimé Dieu-Créateur, cher Jésus-Christ. Je t'en prie, bénis cette huile, produit de ta terre. Rends cette huile très claire et fais qu'elle brille de toutes les couleurs, afin qu'elle dissolve cette énergie terrestre négative et que celle-ci puisse se détacher de tout corps humain. Je te remercie, cher Dieu, cher Jésus, pour ton aide et ton amour. Amen

Procédé de purification

Idéalement, la personne que l'on veut délivrer de cette entrave se place, dans la salle de bains (ou dans le jardin) sur un vieux linge ou sur du papier-ménage. En premier lieu, la personne qui procède au soin enduit ses mains et ses bras jusqu'au coude, pour ne pas être personnellement contaminée. Maintenant, la personne affectée s'enduit abondamment de cette huile bénite en commençant par le cuir chevelu, sans oublier la zone se situant derrière les oreilles et la nuque. En même temps, demandez aux anges de vous aider à purifier ce corps. Badigeonnez son dos, toujours du haut vers le bas. La personne affectée doit se frictionner tout le devant du corps, toutes les parties du corps, également entre les jambes, les zones génitales et les plantes des pieds. **Implorez à voix haute notre Mère la Terre Gaia, afin qu'elle reprenne ces matières terrestres. Rendez- lui grâce et remerciez aussi les anges pour leur coopération.** Tamponnez ensuite doucement le surplus d'huile avec du papier-ménage ou du papier de toilettes. Il est absolument nécessaire que vous laissiez l'huile sur la peau pendant la nuit. Ne vous douchez que le lendemain matin. Ces énergies basses ressemblent à des cristaux de glace, dessinés par la main d'un fantôme, sur la vitre froide d'une fenêtre. Seule la couleur n'est pas blanche, mais crème, allant même jusqu'à une couleur ocre ou brune, jusqu'à la couleur cacao. Ce n'est pas vraiment beau à voir, ni agréable à observer. L'huile épongée ne doit, selon moi, pas demeurer dans l'appartement. Tous les papiers et serviettes utilisés doivent être jetés aux ordures ou, mieux encore, être brûlés. La personne concernée remarque qu'elle est libérée car les zones du corps affectées jusque-là reprennent une couleur rosée juste après la purification par l'huile, ces zones se distinguant nettement de celles qui n'avaient pas été touchées. La personne remarquerait rapidement une éventuelle rechute car elle ressentirait alors des démangeaisons et des brûlures locales. Si tel est le cas, il faudra répéter le rituel de purification par l'huile.

Si cette personne possède des animaux domestiques, elle devra garder une certaine distance vis-à-vis d'eux. En effet, ce sont souvent les animaux qui sont les porteurs de ces énergies terrestres les plus basses. Mais je n'ai pas encore pu déterminer jusqu'à aujourd'hui s'ils en souffrent comme les humains. Il existe un moyen tout simple pour en délivrer les animaux: on prend un vaporisateur vide, on le remplit pour un tiers avec de l'huile bénite et pour deux tiers d'esprit de vin ou d'eau de vie. On peut ainsi arroser de temps à autre, à distance, les animaux. Ils n'aiment pas cela, mais c'est une aide précieuse.

17. Richesse et pauvreté

Beaucoup d'êtres humains sur cette terre sont pauvres. Pauvres en biens, en nourriture, mais aussi pauvres sur le plan spirituel. A un moment donné quelqu'un leur a dû leur dire qu'ils ne pourraient atteindre le royaume des cieux que s'ils renonçaient aux richesses de ce monde. C'est en partie vrai. Nous ne pouvons pas emmener nos richesses dans les mondes immatériels, car elles ne feraient que nous limiter et nous gêneraient. Mais qui peut prouver que Dieu ait souhaité que l'être humain fasse vœu de pauvreté? En tant que parents, aurions-nous du plaisir à voir nos enfants se promener en haillons et mourir de faim? Sûrement pas, jamais! Nous sommes les enfants de Dieu. Observons donc un peu la nature. Chaque plante produit des fleurs en abondance et des semences par milliers, dans des quantités incroyables. L'abondance règne aussi en ce qui concerne les animaux. Il y a cependant des endroits sur terre où plus rien ne pousse ou n'a le droit de pousser. Ce sont des régions où l'abondance régnait autrefois en souveraine. Les hommes qui y vivaient se détournèrent à tel point de Dieu qu'il leur reprit leurs moyens de subsistance. Maintenant ces êtres, là-bas, doivent vivre leur réincarnation et apprendre l'humilité. C'est la loi de la cause et de l'effet. Ce n'est qu'après avoir retrouvé le chemin de la vraie lumière en elles que ces âmes humaines verront revenir relativement rapidement la nature et avec elle toute forme de vie sur ces terres.

Nous devrions nous interroger afin de savoir si nous n'avons pas depuis longtemps surexploité les ressources de nos régions fertiles, au point d'être frappés et rattrapés prochainement par le même destin. La pauvreté et le manque sont en effet à nouveau présents dans l'état de conscience actuel. Lorsque quelqu'un manifeste de la malveillance, de la jalousie, de l'envie, voire même de la haine envers les plus riches, cela va forcément lui revenir et de façon décuplée. C'est une loi fondamentale des mondes spirituels et de notre dualité: **je ne peux pas souhaiter pour moi-même ce que je refuse à l'autre!** Tant que je n'en suis pas conscient(e), je m'appauvris et je perds mes ressources. Mais je peux changer cela rapidement. Je dois dissoudre tous les anciens schémas limitatifs et faire des demandes à l'univers. Si toutefois, je me mets à mendier, le grand Esprit créateur ne me regardera pas, ni ne m'écoutera. Il ne me reconnaîtra pas, car Dieu n'a pas créé de mendiant. **Nous sommes ses enfants et l'abondance est pour nous un droit fondamental.** Il nous l'accorde dès qu'il sent que nous l'aimons. Car c'est de cette manière-là uniquement que nous sommes reliés à lui.

17.1 Souffrances liées à la surcharge pondérale

De nombreuses personnes souffrent d'un surpoids chronique, elles achètent toujours trop de nourriture et remplissent toujours leur frigidaire jusqu'à l'excès. Elles se sentent obligées d'agir ainsi. Elles doivent ensuite jeter de la nourriture en quantité. Elles ne peuvent pas non plus gérer leur sentiment de satiété. Faire un régime ne leur est d'aucune utilité, car elles souffrent de l'effet yo-yo bien connu, qui fait regrimper leur poids sur la balance. Plusieurs d'entre elles se font poser un anneau gastrique ou carrément enlever une partie de l'estomac. Elles continuent cependant à prendre du poids. J'ai découvert que l'origine du problème réside dans le **passé de leur âme**. De nombreux hommes ont en effet perdu la vie en mourant de la famine par le passé. Plusieurs seraient même morts de faim à plusieurs reprises dans plusieurs de leurs vies. Peu d'entre eux seulement souffrent d'anorexie et ne peuvent plus prendre de poids.

Un tel événement provoque une grande souffrance à tous les niveaux. La raison, et sa conscience supérieure, enregistre le problème et le garde en mémoire. On a alors différentes sensations relatives à cette souffrance, dont on se souvient. Autour de moi, je vois les êtres qui me sont chers mourir et sais que je mourrai aussi prochainement.

Parallèlement, les esprits du corps enregistrent le fait qu'ils n'ont pas reçu assez, qu'ils ont eu faim et qu'ils ont été au supplice. Tout ceci «est» et demeure en mémoire dans ces différents niveaux de conscience inférieure.

Dans un tel cas, la seule solution consiste à effacer, à tous les niveaux, les expériences faites et les demandes qui en ont résulté. S'il vous plaît, soyez patients et battez-vous pour ce qui a de la valeur à vos yeux!

Dieu bien-aimé, et tes anges qui guérissent, aidez-moi, je vous en prie.

Cher grand esprit de mon corps, je t'appelle. Je te connais depuis que j'ai une enveloppe corporelle. Mais en ignorant ma raison, je t'ai empêché d'accomplir ta mission la plus importante, au lieu de te soutenir. Je suis mort(e) de faim dans une de mes vies antérieures. Des peurs incroyables m'ont accablé(e) avant que je meure et elles se sont inscrites en moi, dans la zone des sensations. Dans cette vie, je n'en ai plus besoin et n'en veux plus.

• J'invoque les esprits de mon corps qui ont connu la peine et la détresse face à la mort.

• J'invoque tous les schémas de souffrance qui sont nés de la famine.

• J'invoque tous les canevas que j'ai rassemblés et conservés en les enregistrant.

• J'invoque tous les schémas qui m'incitent à manger tant et plus et qui ne me permettent jamais de connaître le sentiment de satiété.

Je ne veux plus de vous, je vous libère.

Mon cher corps, mes chers esprits de ce corps, je tiens à m'excuser auprès de vous pour demandes négatives que je vous ai adressées dans cette vie-ci, mais également dans de nombreuses vies antérieures. J'aimerais vous prier de dissoudre et d'abandonner toutes les peurs liées à la mort, à la détresse, aux douleurs, aux blessures, aux déceptions et à la colère. Mon cher corps, efface à présent tout ce qui va à l'encontre de ta guérison et de ta parfaite santé. C'est ce que je veux. Souviens-toi de ton modèle premier, de ton fondement, celui d'être en pleine santé. Mon cher corps, tu es parfait dans ton ensemble, et complètement sain. Tu es beau, en pleine santé, mince et magnifique. Je t'aime. Je te remercie pour ce que tu accomplis de grand et d'important. Je t'aime et je te présente encore une fois mes excuses.

Bien-aimé grand Créateur, je te prie d'aider mon corps grâce à ton ange qui guérit. Ainsi soit-il. Je suis sain(e). Je te remercie de m'avoir créé achevé et parfait. Je te rends grâce et je t'aime, toi le Créateur de toute chose, comme je chéris la lumière de ton amour inconditionnel. Amen

17.2 L'ère nouvelle

Un grand changement se prépare, celui de l'ascension de la Terre dans une nouvelle énergie. Cette transformation va aussi toucher le monde économique. Les prétendues monnaies fortes disparaîtront les unes après les autres et feront place à un idéal de valeurs spirituelles.

A court terme, il y aura des jours où la valeur de l'euro et du dollar chutera de 20-30 %, jusqu'à ce que ces devises apparentes disparaissent complètement. Le franc qui semble fort sera également à présent fragilisé et disparaîtra au final. Cela va être extrêmement difficile pour les humains qui ne croient qu'en la puissance de l'argent de trouver leur voie face à cette nouvelle donne. Car chacun de nous se trouvera alors en face d'un grand défi: même en ayant des poches remplies d'argent et d'or, nous ne pourrons plus acheter notre pain quotidien. La devise selon laquelle je ne reçois que si je donne ne sera plus tout à fait correcte, elle ne servira plus à grand-chose, car je n'aurai plus de monnaie d'échange ou d'objet de valeur, en fait plus d'argent. Nous devrons adopter un nouveau mode de fonctionnement: **je donne de tout mon cœur et je me réjouis si l'autre a beaucoup.** Quand chacun de nous commencera à penser ainsi, tout se remettra en mouvement.

Mère la Terre et la nature transformeront de concert leurs vibrations et fréquences. Cela signifie que l'humain, qui est pour ainsi dire pour l'instant en guerre avec la Nature, remarquera très vite qu'elle ne le nourrit plus. Respectivement qu'elle n'est plus disposée à le faire. Sans considération ni amour pour elle et les animaux, viendra le moment où des humains mourront de faim devant leur assiette pleine.

La nouvelle conscience sera: je suis une particule de l'ensemble. La nature, le monde des plantes et le monde des animaux sont la base du tout. Je les estime et les vénère. Je les aime comme je m'aime moi-même.

Prière pour l'abondance

Bien-aimé Dieu créateur en moi et en toute chose. Je t'appelle, ainsi que tous les anges de l'amour, de la vérité et de la joie. Aidez-moi à me libérer des vieux schémas de manque.

J'appelle tous les anciens éléments et modèles qui ont produit pauvreté et manque dans toutes mes vies et réalités passées et actuelles. Je vous ai créés parce que je n'avais pas conscience des effets produits ultérieurement. Maintenant je voudrais vous libérer de cette tâche. Vous devenez libres et je suis libre. Bien-aimé Créateur et chers anges, je vous remercie pour la richesse et l'abondance qui m'entourent et qui se manifestent à moi maintenant. Merci de m'aider à vivre en harmonie avec la nature et le monde animal. Merci, car je peux bien vivre bien sans l'énergie valorisante de l'argent et merci, car je m'en sors facilement. Je te rends grâce de tout mon cœur, Père-Mère-Dieu, pour les cadeaux que tu me fais, à moi ton enfant. Je t'aime et j'aime tes anges de lumière. Amen

18. Souhaits et demandes adressés à sa propre conscience suprême ainsi qu'aux mondes des esprits divins et la joie qui en résulte

Un vieux dicton dit: «Chacun a des souhaits, Dieu seul sait s'ils se réaliseront.» Cependant, peu d'êtres humains savent qu'ils se barrent eux-mêmes le chemin qui mène au bonheur, à l'accomplissement de leurs désirs. Comment cela se fait-il?

Un vœu peut-il se réaliser, si dans cette vie ou au cours de mes existences passées, j'ai souhaité ou émis une demande contraire à ce que je demande aujourd'hui? C'est à peu près comme atteler deux chevaux de trait très puissants à chaque extrémité d'un énorme tronc d'arbre et les obliger à tirer chacun dans la direction opposée. Il en résulte seulement des souffrances inutiles.

Dans notre vie également, il n'y a qu'une direction dans laquelle progresser, pour autant que j'admette que j'ai pu être différent par le passé et que je le suis aussi aujourd'hui. Il s'agit donc à nouveau de lâcher prise, de se libérer de ses anciens souhaits et ordres exprimés autrefois qui étaient dirigés contre nous-mêmes et le sont encore toujours. Par exemple: je ne serai jamais heureux • je n'ai pas le droit d'être heureux • je suis né pauvre et je vais mourir pauvre • je suis laid(e) et ne trouverai jamais un(e) partenaire • les autres ont tout, moi je n'ai droit à rien • l'Eglise me dit que je dois souffrir pour atteindre le royaume des cieux et le paradis…

Tous ces exemples sont l'expression d'ordres et de souhaits, par lesquels ou avec lesquels je vis ici et maintenant. Il s'agit donc en premier lieu de dissoudre tout ce qui est ancien et dont je ne me souviens pas, dans mon état de conscience actuel, pour se fabriquer des sentiments de culpabilité et se pardonner totalement, en plein amour.

18.1 Souhaits et demandes

1er exemple : un nouvel emploi

Il est essentiel de savoir que tout nouveau souhait ou toute nouvelle demande doivent être mûrement réfléchis et qu'ils ne doivent causer de tort à personne. Prenons par exemple un nouvel emploi ou une nouvelle profession.

Ainsi, je veux cette place, mais je ne peux l'obtenir en mendiant ou en suppliant, je dois la rendre manifeste: je me montre donc reconnaissant(e) de l'avoir parce qu'elle me rend heureux (-se).

La préparation est la chose la plus importante, elle va créer une bonne et nouvelle place de travail :

Marche à suivre

Je me représente visuellement une colonne de pierre blanche (obélisque) ayant quatre côtés sur lesquels il est possible d'inscrire quelque chose, avec une pointe au sommet. Je vais remplir chaque face et ça fera un tout.

Premier côté:

Qui je suis et ce que je souhaite rendre manifeste:

- Nom, prénom, date de naissance et adresse
- Je suis qui je suis, ici et maintenant
- Je souhaite (demande, invoque) tout ce que j'écris à présent sur cette colonne

Deuxième côté:

Je me représente ma nouvelle place de travail:

- Elle est facilement accessible pour moi
- C'est un endroit bien éclairé et calme
- Mes collègues de travail sont agréables et gentils
- On n'y trouve pas de mauvaises ondes qui rendent malade ou de rayonnement de type micro-ondes (antenne de téléphone mobile)
- Mon travail me rend heureux (-se)
- Il me garantit un bon salaire régulier

Troisième côté:

J'inscris ici ce que je veux donner:

- Je veux être assidu(e) à la tâche et investir tout mon savoir-faire et toutes mes connaissances
- Je veux être fidèle et loyal(e) envers l'entreprise
- J'entends coopérer de manière optimale avec mes collègues au sein ou avec l'équipe

Quatrième côté:

Je confirme ici ce qui est en commun

- Je veux m'intégrer le mieux possible
- J'entends me réaliser au sein de l'entreprise, comme si cette dernière m'appartenait, tout en œuvrant pour le bien de tous.

- Ensemble, nous sommes forts, cela me rend heureux (-se), ainsi que tous ceux qui m'entourent

Lorsque j'ai rempli les quatre côtés en ayant bien réfléchi, j'envoie cette demande en l'accompagnant de ces paroles:

Prière

Aimable Créateur, Père-Mère-Dieu, par la présente, je te remets mon souhait, sous forme de demande.
Je te remercie pour tout ce que j'ai déjà et pour tout ce que tu me donnes en toute simplicité au quotidien. Je te remercie, ainsi que tes anges d'amour, pour votre aide et votre soutien. Je te rends grâce de m'accorder cet emploi. Je t'aime. Amen

2e exemple: le partenaire idéal

Pour trouver le/la partenaire de ses rêves, on se représente également une colonne blanche (obélisque) à quatre faces sur lesquelles il est possible d'inscrire quelque chose.

Premier côté:
Qui je suis et ce que je souhaite rendre manifeste:
- Nom, prénom, date de naissance et adresse
- Je suis qui je suis, ici et maintenant
- Je souhaite (demande, invoque) tout ce que j'écris à présent sur cette colonne

Deuxième côté:

A présent, représentez-vous avec exactitude votre partenaire idéal. Imaginez comme il/elle devra être ou ne pas être.

Quelques exemples:

- il doit être gentil
- il doit être intelligent
- il doit être fidèle
- il doit être assidu et on doit pouvoir compter sur lui
- il doit avoir un travail régulier et un bon revenu
- une personne qui aime la famille et les enfants (si des enfants sont souhaités)
- complètement libre pour pouvoir s'engager dans une nouvelle relation
- il doit être propre et sentir bon
- peut-être même posséder une maison

N'oubliez pas d'ajouter les défauts qu'il ne doit pas avoir (comme par exemple: ne pas être gros, ne pas être chauve, ne pas être trop poilu si vous n'aimez pas cela, ou être non fumeur, respectivement ne souffrir d'aucune dépendance), etc.

Faites savoir que vous ne voulez pas de père/mère ou de frères et sœurs de vies antérieures. Vous ne voulez pas non plus un ancien mari/une ancienne femme. Dites que vous voulez faire des expériences nouvelles et ne pas rester en panne sur le plan spirituel en répétant ce que vous avez déjà vécu.

Soyez très précis quant à ce que vous voulez ou ne voulez pas. Plus vous serez précis(e) dans votre description, plus la «livraison» qui suivra correspondra à vos désirs! Mais ne soyez pas trop exigeant(e) en ce qui concerne l'apparence physique. En effet, il se pourrait alors que l'on vous trouve le partenaire idéal dans le monde spirituel, mais que l'on ne soit pas autorisé à le conduire à vous, parce qu'il n'a malheureusement pas les yeux de la bonne couleur… Ce serait vraiment dommage, car on vous aurait trouvé là le compagnon allant à merveille avec vous. Ne limitez donc pas les anges avec des détails! En définitive, ce qui compte, c'est l'accord des cœurs.

Troisième côté:
Vous confirmez ici ce vous voulez et pouvez donner!
- être une partenaire pleine d'humour
- être agréable et douce
- être une bonne mère
- être fidèle
- peut-être que vous voulez rester autonome et indépendante
- ou gérer le ménage avec plaisir
- vous avez une certaine aisance (vous parlez plusieurs langues, par exemple)
- ou vous avez un talent au niveau musical
- etc.

Quatrième côté:
Confirmez maintenant ce qui doit vous lier. Que voulez-vous entreprendre ou vivre ensemble? (A quoi vous sert le plus bel homme du monde, s'il traîne tous les soirs avec ses copains ou participe à toutes sortes de manifestations sportives qui ne vous intéressent absolument pas chaque week-end? Ou s'il fuit ses problèmes et se révèle être un hyperactif?)

Propositions: Je souhaite que…

- nous passions beaucoup de temps ensemble
- nous élevions nos enfants ensemble
- nous allions nous promener ensemble
- nous jardinions ensemble
- nous aménagions ou construisions notre appartement ou notre logis avec joie
- nous allions danser ensemble
- nous partions ensemble en vacances de ski
- nous allions ensemble au cinéma, à un concert ou au théâtre
- nous invitions volontiers des amis
- nous apprécions de la même façon les fêtes familiales
- nous ayons la même vision du monde
- nous ayons des intérêts communs et que nous nous comprenions sans mot dire.

Réfléchissez bien à tout ce que vous voulez entreprendre ensemble, car vous recevrez et aurez exactement ce que vous avez demandé.

Lorsque vous aurez complété toutes les colonnes avec ce que vous imaginez, il s'agit d'émettre vos vœux. Vous allez les confier comme un tout à notre Créateur, pour qui rien n'est impossible, en l'invoquant comme suit:

Je t'appelle, très cher Dieu créateur en moi et en toute chose qui est. Je te remercie pour tout ce que tu me donnes et pour tout ce que tu m'as déjà offert. Je voudrais te remettre ici ma demande concernant mon futur compagnon de vie, confiant(e), parce que je sais que rien n'est impossible pour toi. Je sais que tu m'aimes et que tu es toujours là pour moi. Comme je suis ton enfant, je sais que tu es heureux quand moi je suis heureux (-se). Je te rends grâce, parce que tu as réservé et prévu pour moi un partenaire merveilleux. Je t'aime, ainsi que tes anges de joie. Amen

18.2 Le bonheur qui en résulte

Pour l'homme – Prière pour la bien-aimée

Cher Père, mon Créateur, merci pour l'amour que me donne ma chère partenaire. Merci pour la joie et le bonheur que j'éprouve dans cette relation. Je ressens de l'amour et de la ferveur dans mon cœur pour tout ce qui vit autour de moi. Je te remercie de m'avoir accordé le don percevoir et recevoir de l'amour, mais aussi de pouvoir en donner.

Je perçois ton grand amour quand elle me touche et me caresse. Je caresse sa peau, et par là même son âme, dans laquelle tu résides et tu es présent.

Ton Amour tout puissant est en elle depuis le début de sa vie et depuis toujours. Offre-lui également le don de sentir et de prendre conscience de ta présence. J'en serais encore plus heureux et mon amour pour elle serais encore plus fort. Très cher Créateur, tu l'as créée, ainsi que toute chose. Je voudrais que tous les humains ressentent cela et puissent être aussi heureux que moi dans ce corps et dans ce monde, ici et maintenant. Merci pour cette grande joie qui se manifeste en moi et merci de me permettre de tout voir et sentir dans ta lumière éclatante. Que cette lumière grandisse dans mon cœur, qu'elle apaise en moi le désir ardent de retourner vers toi et dans les sphères pleines de lumière que j'ai quittées pour amasser encore plus d'expérience. Je sais cependant que j'y retournerai après avoir m'être déchargé de tous mes schémas et comportements négatifs. C'est merveilleux d'être une partie de la Création. Amen

Pour la femme – Prière pour le bien-aimé

Cher Père, mon Créateur, merci pour l'amour que me donne mon cher partenaire. Merci pour la joie et le bonheur que j'éprouve dans cette relation. Je ressens de l'amour et de la ferveur dans mon cœur pour tout ce qui vit autour de moi. Je te remercie de m'avoir accordé le don percevoir et recevoir de l'amour, mais aussi de pouvoir en donner.

Je perçois ton grand amour quand il me touche et me caresse. Je caresse sa peau, et par là même son âme, dans laquelle tu résides et tu es présent.

Ton Amour tout puissant est en lui depuis le début de sa vie et depuis toujours. Offre-lui également le don de sentir et de prendre conscience de ta présence. J'en serais encore plus heureux et mon amour pour lui serait encore plus fort. Très cher Créateur, tu l'as créé, ainsi que toute chose. Je voudrais que tous les humains ressentent cela et puissent être aussi heureux que moi dans ce corps et dans ce monde, ici et maintenant. Merci pour cette grande joie qui se manifeste en moi et merci de me permettre de tout voir et sentir dans ta lumière éclatante. Que cette lumière grandisse dans mon cœur, qu'elle apaise en moi le désir ardent de retourner vers toi et dans les sphères pleines de lumière que j'ai quittées pour amasser encore plus d'expérience. Je sais cependant que j'y retournerai après m'être déchargé de tous mes schémas et comportements négatifs. C'est merveilleux d'être une partie de la Création. Amen

19. Souffrances corporelles

Notre corps est une merveille de la nature, comme on dit. Mais c'est également une très grande énigme. Pour poser les choses clairement: notre raison se compose de notre âme et de notre esprit mais n'est pas notre corps. Ce dernier fonctionne de manière autonome et à la manière d'un animal. Il se dirige de lui-même, et si nous ne le dérangeons pas et ne nous en mêlons pas, il fonctionne parfaitement. C'est une mère qui lui donne naissance et bien qu'il soit alors encore très petit, il est capable de pratiquement tout, bien qu'il ne dispose pas encore de capacités motrices réelles et que son intelligence et ses perceptions somnolent encore. Cet état de fait devrait être la preuve même pour nous que nous ne dirigeons pas notre corps par l'intermédiaire de notre conscience. Nous n'avons pas non plus la capacité de prendre le contrôle de notre pouls, de nos divisions cellulaires, ni de notre croissance. Si notre corps exprime certains troubles, des souffrances, voir même des douleurs chroniques que les médecins ne peuvent expliquer, cela veut dire qu'il est blessé ou qu'il a été mal programmé. Il ne sert alors à rien de prier ou de supplier dans de tels cas ; rien ne changera, quand les choses ne vont pas en empirant. En guise d'exemple, prenons la parabole suivante. Une femme reçoit un vieux chien qui appartenait à un vieux monsieur, qui est décédé. Elle n'a jamais rencontré cet homme auparavant, ni son chien, et elle ne sait par conséquent rien à son sujet. Elle ignore par exemple la façon dont ce dernier a été élevé. Cette dame aimerait pourtant que ce chien se comporte en toutou modèle, ce qui signifie pour elle qu'il reste assis sur ses genoux et aille au lit avec elle. Lorsqu'elle l'invite à le faire, il frétille seulement de la queue. Mais en aucun cas il n'ose monter sur ses genoux et encore moins sauter sur son lit. Si elle le prend dans ses bras et l'oblige à agir ainsi, il commence à pleurnicher, met sa queue entre ses jambes et saute sur le sol le plus rapidement possible. Il ne peut pas faire autrement, car il n'a pas été éduqué de cette façon. Par le passé, il était immédiatement puni lorsqu'il faisait preuve d'un tel comportement. Il est à présent programmé ainsi.

Observons maintenant notre corps de plus près. Il est, comme toute matière solide, pur esprit. Et il vibre, avec ses particules originelles dans chacune de ses cellules. Chaque organe est classé, respectivement organisé, selon une structure hiérarchique. Un grand nombre de minuscules esprits de la nature se trouvent dans chaque organe et chaque organe a son chef. Celui-ci dirige ses esprits, chacun d'eux ayant reçu le devoir qu'il a à accomplir du Créateur de la plus grande sagesse. Les chefs des organes font à leur tour partie de groupes qui prennent en charge des tâches ou exécutent des ordres donnés par notre esprit, ou disons plutôt notre intelligence. Sans beaucoup y réfléchir, nous disons et répétons à longueur de journée: «Je ne veux pas voir ceci, je n'aime pas cela ou je ne veux plus regarder ceci. Je ne veux plus entendre ces choses. Je ne veux plus considérer telle ou telle chose comme réelle». C'est la même chose avec «je ne peux plus sentir telle ou telle chose». Ce sont des ordres que nous donnons à notre corps. Heureusement, il n'y obéit pas toujours, comme le vieux chien dont je vous ai parlé précédemment. Arrive cependant un beau jour où notre corps décide d'obéir. On entend alors les gens dire: « Oh, en une semaine je suis devenu quasiment aveugle!» ou bien: «Tout à coup, je ne sens ou ne ressens plus rien!» Dans de tels cas, un bon conseil coûte effectivement très cher ou ne peut même pas être dispensé.

Réfléchissez donc à ce qui se passe lors d'une transplantation d'organe. Les organes continuent de fonctionner, comme par miracle. Ils ont été programmés pour fonctionner et le font de manière totalement autonome, même dans les pires circonstances. Ces cœurs, foies, reins, et autres organes prélevés tressaillent et vivent jusqu'à 24 heures en dehors de leur corps, pour autant que le grand haut chef du corps, l'âme, n'ait pas donné l'ordre d'arrêter. L'esprit vital veut tout simplement servir et vivre. Cette idée, mais aussi son exécution, sont le fait de l'esprit suprême de la vie et de l'amour. Lorsque des dérangements du système ou des douleurs se font jour, c'est la faute des hommes et de leur incompréhension des choses, ou cela est dû aux mauvaises expériences faites dans les nombreuses vies antérieures. Certains pensent que si leur père a eu des problèmes de hanche ou de genou, ils auront systématiquement les mêmes soucis. D'autres pensent que si leur mère ou leur tante ont eu des problèmes avec les seins et en sont mortes, elles connaîtront le même sort. D'autres encore sont persuadés qu'ils doivent mourir jeunes, parce que tous les membres de leur famille sont morts jeunes. Et combien de personnes croient qu'elles seront affectées par les infirmités de la vieillesse telles que la goutte, la maladie d'Alzheimer ou encore la maladie de Parkinson. Si nous passons assez souvent de telles «commandes» et si nous y croyons fermement, elles finiront forcément par se réaliser !

A vrai dire, notre corps est conçu pour un usage à long terme. L'humanité semble avoir acquis certaines connaissances en la matière, puisque nous atteignons un âge plus élevé que les deux générations précédentes. On croit que c'est la médecine qui nous aide à devenir plus vieux. Pourtant de nombreux êtres humains continuent de végéter en ayant une très mauvaise qualité de vie et dans de très grandes souffrances ; cela qui n'a plus rien à voir avec une belle vie ou ce qu'on peut qualifier de vie normale.

J'ai déjà rencontré un franc succès, à de nombreuses reprises et auprès de nombreuses personnes, grâce à la prière suivante et à son rituel de délivrance. Essayez-les à votre tour, mais avec toute votre conviction et toute votre volonté. **Ne plaisantez pas avec votre amour pour votre propre corps!** Idéalement, vous faites la courte méditation 10.2 pour vous mettre en condition: «Détachement et libération des schémas de souffrances infligées à son propre corps»

19.1 Prière pour se libérer des souffrances et douleurs

Cher grand esprit de mon corps, je t'invoque. Mais avant tout, je t'appelle, toi, guide spirituel de mes yeux, de mes nerfs optiques et de l'esprit supérieur de mon cerveau. (Ici, vous pouvez invoquer chaque esprit supérieur de n'importe quel organe.)

Je te connais depuis que j'ai un corps solide. Mais, à cause de la méconnaissance de ma raison, je t'ai davantage importuné, plutôt qu'aidé, dans l'accomplissement de ton important travail. Je voudrais te présenter mes excuses pour les ordres négatifs que je t'ai donnés durant cette vie, mais également dans mes nombreuses vies antérieures. Je t'en prie, délivre-moi et débarrasse-moi de toutes les maladies, blessures, ainsi que de tous les dommages causés par les tortures que je me suis imposées.

Dissous à présent tout ce qui va à l'encontre de mon bien-être et de ma bonne santé. C'est ce que je désire. Souviens-toi de ton modèle originel, de vocation de base, à savoir être en bonne santé. Tu es sain et parfait. Je te remercie pour ta mission, à la fois grande et importante. Je t'aime et je te présente encore une fois mes excuses. Je t'en supplie, cher grand Créateur et Constructeur de mon corps, apporte-lui ton aide par le biais de tes anges de la guérison. Ainsi soit-il. Je suis en excellente santé! Je te rends grâce et t'aime parce que tu as créé en moi la perfection et que tu me l'as offerte. Je t'adresse mes remerciements et mon amour, Créateur originel, ils vont aussi à la grande lumière de ton amour éternel. Amen

Cette prière guérit tous les organes. Mais elle est essentielle pour les patients qui portent en eux un organe étranger. Un rituel de salutations et de remerciements est très important dans ces cas-là. Acceptez avec reconnaissance le nouvel organe et

baignez-le régulièrement dans la lumière d'amour. Cette pratique aidera beaucoup l'organe dans sa nouvelle fonction et sa nouvelle vie.

19.2 Se libérer des allergies

Pollens d'arbres, d'arbustes, de fleurs et de graminées

On répète malheureusement toujours aux personnes qui souffrent d'allergies qu'elles en seront affectées toute leur vie. Que l'on peut uniquement les soulager, mais non les guérir. Beaucoup croient davantage à l'usage de produits chimiques et de cortisone, produit destructeur par excellence, plutôt que de placer leur foi en un esprit créateur et en leur propre pouvoir de guérison. La radio, la télévision et la presse nous signalent à longueur d'année que le pollen de tel ou tel arbuste circule dans l'air. Ces informations sont complètement stupides et elles ne sont profitables à personne. Ces informations ne sont pas fondées et n'apportent rien à personne. La plupart des gens sont insécurisés et cela renforce leurs souffrances. Une prière standard ne peut nous aider dans un tel cas, puisque nous avons nous-mêmes créé ce schéma de souffrance. Chacun de nous souhaite une vraie amélioration de sa qualité de vie et non le contraire. Alors, comment procéder?

En premier lieu, il s'agit pour nous de reconnaître le vieux schéma de souffrance, de l'invoquer et de le dissoudre. Il se peut que nous le portions en nous depuis plusieurs incarnations. De fois en fois, ces maux agissent avec plus de force et deviennent plus douloureux.

Après délivrance et dissolution de ces schémas de peur (élémentaire), nous pouvons reprogrammer l'esprit de notre corps.

Reprogrammation du corps

Je t'appelle mon Dieu créateur avec tes serviteurs et tes anges. Dieu bien-aimé et vous les anges de la vérité, de la lumière et du pur amour, je vous demande aide et guérison. Je vous en prie, aidez-moi à identifier dans mon corps et dans les différentes sphères de la conscience les vieux schémas de souffrances et à les effacer.

J'invoque maintenant toutes mes anciennes expériences et les souffrances que j'ai moi-même créées par le passé, qui sont stockées dans toutes les couches de mon être. En particulier celles qui m'ont rendu craintif vis-à-vis de la nature, de ses floraisons et de ses pollens. Mais également vis-à-vis des insectes tels que les acariens, les araignées et les tiques.

Je vis à présent dans ce corps à cette époque et dans ce monde et je ne veux plus de ses peurs. Que je sois libéré de ces schémas. Chers anges, aidez-moi à le faire. J'invoque à présent l'esprit suprême de mon corps. Vous êtes mes guides spirituels et représentez mon corps. Vous avez été dérangés et avez reçu des ordres erronés. Je vous prie d'effacer à présent toutes mes commandes, mais aussi celles d'autrui qui vous ont si mal programmés par télépathie.

Je m'adresse maintenant avant tout à vous, guides spi- rituels de mes facultés sensorielles, de mes yeux, de mon nez et de mes oreilles. Rappelez-vous comment vous avez été créés par le créateur au commencement du tout être. Vous êtes parfaits, complets et sains. Vous êtes très importants pour moi. Avec moi, vous resterez en bonne santé jusqu'au dernier souffle. Dissolvez à présent tout ce qui est contraire à cet état de fait. Je vous aime et je t'aime toi, mon corps.

Je te remercie, Dieu créateur, parce que tu m'as créé en parfaite santé et parce que tu m'aides à me libérer de mes jugements personnels et de mes peurs. Je te remercie pour les merveilles qui se trouvent dans ta grandiose nature. Mon corps est fait partie de cet ensemble. Merci pour les buissons, les arbres, les fleurs et les graminées, également un grand merci pour les insectes. Ils font, comme moi, partie de l'ensemble. Je vous aime parce que vous ornez et parez magnifiquement notre planète Terre. Je vous embrasse et vous aime, vous me faites beaucoup de bien.

Merci cher Père-Mère-Dieu pour ton amour tout puissant qui se trouve aussi bien dans tout ce qui est grand, que dans tout ce qui est petit. Je te remercie d'être autorisé à vivre dans la diversité de ta créativité incomparable. Donne-moi la force d'exprimer pour la plus petite chose la reconnaissance la plus vive de mon cœur. Ainsi je découvrirai ta grandeur et ta magnificence, et j'intégrerai en moi ton amour tout puissant dans l'espoir et la joie. Je te rends grâce pour ta lumière qui brille en moi et qui me montre le chemin qui mène à toi. Amen

20. Prière pour les victimes de guerres et leurs souffrances

Beaucoup d'humains ont subi les préjudices d'une guerre au cours de cette vie. Ils sont souvent fortement traumatisés, comme leurs enfants. J'ai appris cela par des instituteurs qui ont eu de tels élèves dans leur classe. Ces derniers, dès qu'ils entendent les grondements du tonnerre ou lorsqu'un avion dépasse le mur du son, se cachent sous leur banc d'école, tétanisés par la peur. Il leur arrive même de trembler de tout leur corps presque une heure après de tels événements. Quand on pense à tout le mal qui a été fait aux habitants des Balkans, aux Kurdes dans l'est de la Turquie, aux Arméniens ou bien aux Palestiniens. Ces épurations ethniques haineuses ou ces expulsions ciblées de peuples entiers suscitent un terrible potentiel de violence auprès des générations suivantes par le biais du karma de ces peuples. Ces énergies de haine amassées sont le résultat des souffrances endurées et elles peuvent se libérer subitement, parfois après plusieurs générations. Beaucoup de ces personnes vivent chez nous ou dans d'autres pays européens en tant que réfugiés. Un grand nombre d'entres elles, ainsi que certains de leurs enfants rencontrent de grands problèmes dans leur vie quotidienne. Quand je leur demande pourquoi ils ne peuvent pas dormir tranquillement, presque tous me répondent qu'ils font encore toujours des cauchemars liés à la guerre. Malheureusement, les parents transmettent souvent ces peurs et ces attaques de panique à leurs enfants, même lorsqu'ils sont nés après ces tristes évènements. Ainsi, quand un enfant demande où habite tel ou tel oncle ou bien leur grand-mère, la réponse qu'ils reçoivent est, par exemple: les serbes l'ont enlevé ou l'ont tué ; les turcs les ont massacrés par milliers. Ils en sont forcément imprégnés. On engendre ici des peurs qui ne peuvent pas simplement être niées ou refoulées, puisqu'elles ont été vécues et qu'elles sont réelles. Mais la vérité peut être déformée ou présentée de manière unilatérale. Cependant, aucune vie n'est faite que de hasards. Tout est issu de la loi de cause à effet et tout tend à un équilibre. Afin de mieux pouvoir supporter ces monstruosités, il serait sage et très avantageux de renforcer sa conscience personnelle et rompre avec cette spirale infernale de souffrances et de douleurs.

Prière de délivrance des expériences de guerre

Je t'appelle à l'aide, bien-aimé Créateur avec tous tes anges de l'amour, de la vérité et de la joie. Je voudrais à présent me remémorer toutes mes tristes expériences, douleurs et peurs. J'aimerais également inviter toutes les vieilles souffrances des vies antérieures, dont je n'ai plus conscience, à se manifester. Je sais bien qu'elles appartiennent au passé, mais elles réapparaissent continuellement.

Je te prie maintenant mon cher Créateur, de me libérer de ces anciennes peines, douleurs et traumatismes. Je te les remets et en même temps, du plus profond de mon cœur, je pardonne à tous mes ennemis et adversaires d'autrefois. Moi-même, je ne sais pas si je suis blanc comme neige, je ne sais pas si j'ai aussi torturé, persécuté ou tué. Du plus profond de mon cœur, je prie toutes ces victimes potentielles de m'excuser et de me pardonner. Chers anges, je vous en prie, aidez-moi, afin que toutes les personnes concernées m'entendent. Grand Créateur, je t'en prie, guéris toutes les vieilles blessures de mes victimes et aussi les miennes. Je te remercie pour ton amour et la lumière que tu m'offres. Aide-moi à tirer des enseignements de tout cela et protège-moi de la tentation de déterrer d'anciens schémas. Je te rends grâce ainsi qu'à tous les anges de l'amour, de la joie et de la vérité parce que vous me guidez. Je suis libre et je te remercie, oh mon Dieu. Amen

21. Naissance et mort

21.1 Rituel pour le baptême

Pour beaucoup d'entre nous, le baptême est un mystère et un processus plein d'énigmes. Pourtant Jésus se fit lui aussi baptiser dans le Jourdain par Saint Jean Baptiste. On se demande donc pourquoi le plus haut esprit qui soit dans un corps humain a eu besoin de se faire baptiser dans un fleuve et quel effet cela a eu pour lui? Pour Jésus en tant qu'être humain auquel tous les esprits de la nature sont soumis, le baptême fait en quelque sorte office de lien. Il voulait ainsi montrer aux êtres humains qu'il est l'un d'eux, que personne ne lui est donc supérieur, ni inférieur. Jésus a interprété le baptême comme une initiation et une forme de lien avec la divinité. Quand il s'agit d'un petit enfant, ce sont davantage les parents et la famille qui s'en réjouissent; ils montrent ainsi à l'enfant la voie vers la chrétienté. A l'époque de Jésus et par la suite, les adultes se faisaient principalement baptiser pour embrasser la foi chrétienne et abandonner leurs anciennes croyances. Dans les Eglises chrétiennes, on jouait la carte de la terreur: quiconque n'était pas baptisé irait en enfer après sa mort. Cette menace représente une intimidation au plus haut degré et c'est une forme de lavage de cerveau qui provoque des angoisses terribles face à la mort: oh, mon enfant ira en enfer s'il est victime d'un accident et en meurt et j'en serai le seul responsable. Mais le but de l'Eglise n'était autre que de s'assurer de la foi des croyants et de leur descendance.

Vous pouvez bien imaginer que si vous prenez cette responsabilité pour un petit enfant, il ne peut pas en être de même pour un adulte. Pourtant, il faut que vous vous rappeliez que votre petit enfant est déjà un adulte, une vieille âme qui peut même être plus expérimentée et plus mûre que la vôtre. C'est pourquoi il serait sans doute plus juste de recevoir le sacrement du baptême à l'âge adulte, comme confirmation ou contrat d'amour avec le plus haut Esprit créateur. Pour les parents, il est parfois plus rassurant d'avoir fait baptiser leur enfant et de savoir qu'ils ont ainsi conclu une alliance avec le Dieu d'amour. C'est également une forme de remerciement pour le présent que représente cette nouvelle vie qui leur a été offerte.

Rituel de baptème et prière

Peu importe si ce sont les parents ou une connaissance qui récite la prière en présence de l'enfant

Nous t'appelons parmi nous cher Père-Mère-Dieu et Jésus-Christ avec toi. Nous te remercions pour cet enfant qui est venu chez nous. C'est une vieille âme en chemin dans l'espace et dans le temps, et qui veut, grâce à ce corps, expérimenter de nouvelles connaissances ou régler les dettes qu'elle a contractées par le passé.

Nous te souhaitons la bienvenue dans notre famille. Grâce à toi, nous allons pouvoir apprendre et redécouvrir beaucoup de belles choses. Nous croyons véritablement t'apprendre quelque chose de nouveau. Mais toi, en

tant que vieille âme, tu connais déjà tout. Nous voulons donc avant tout t'offrir amour et sécurité. Nous voulons être là pour toi, t'aider à atteindre ton but dans la vie et à accomplir ton plan de vie.

Très cher Sauveur Jésus-Christ, avec tous tes anges de l'amour, de la joie et de la force de l'amour, bénis cet enfant, son corps, son esprit et son âme. Aide-le à traverser la vie avec légèreté et fais qu'il soit toujours conscient de sa liberté spirituelle.

Cher Sauveur, bénis cette eau de ta suprême et pure lumière d'amour et bénis cette huile issue de l'esprit de la terre et des plantes.

(On prend un peu d'eau et d'huile d'olive et on l'applique sur son front et sur son cuir chevelu, à l'endroit du chakra couronne.)

Au nom de notre Dieu d'amour, nous te baptisons avec cette eau bénie de la vie éternelle et te donnons le nom de ... (nom de l'enfant)

Que l'Esprit Saint soit toujours avec toi, qu'il te guide et te protège.

Cher (ère) ... (nom de l'enfant) *que cette huile d'olive bénite, qui provient d'un arbre séculaire, bien sacré de notre Mère la Terre, veuille bien purifier et garder ouvert ton chakra du front, afin qu'il permette à la lumière de ton âme de se mêler à lumière du Christ dans ton cœur et de briller avec elle. Que ton chemin soit empli de lumière et de joie.*

Bien-aimé Jésus, bénis de ton amour les parents de ... (nom de l'enfant)*, afin qu'ensemble ils expérimentent dès maintenant la joie du Ciel grâce à ce beau cadeau de lumière.*

Grand Créateur, nous te remercions pour la santé et l'abondance, richesse du corps, de l'esprit et de l'âme. Bénis toutes les personnes ici présentes de ton amour et de ta joie. Nous te rendons grâce. Amen

21.2 Procédure mortuaire, prière pour les morts et rituel d'inhumation

Pour beaucoup d'humains, une délivrance est très importante, soit au moment du passage de la vie à la mort, ou alors qu'ils sont déjà partis dans l'autre monde. Car c'est justement à ce stade-là que l'âme, le plus souvent, hésite la plupart du temps ou qu'elle est tout simplement encore très désorientée par ce qui lui arrive. Le plus grave qui puisse lui arriver est qu'on ne veuille à aucun prix la laisser partir. C'est-à-dire lorsqu'en tant que survivant on pleure et on hurle: «Tu n'as pas le droit de partir, tu n'as pas le droit de me laisser seul(e), tu n'as pas le droit de m'abandonner. » Ce seront là les seuls messages de réconfort que la personne mourante recevra à son départ. Elle se sentira alors comme quelqu'un qui s'agrippe à une touffe d'herbe au bord d'un précipice. Elle ne peut pas voir ceux qui se trouvent autour d'elle, mais elle peut les entendre. Elle sent que quelque chose est en train de lui arriver, mais ne peut absolument rien n'y faire. Les autres ne la voient pas non plus, mais ils lui crient cependant de ne pas lâcher, de ne pas partir. Ce doit être un véritable sentiment d'impuissance. Ceux qui restent sont les plus forts dans cette tragédie, cela signifie que nous nous attachons la personne décédée par la force de notre volonté. Nous devrions de toute urgence modifier le culte que nous vouons aux morts. Ce serait un grand soulagement pour d'innombrables âmes et finalement nous nous rendrions service à nous-mêmes. La prière de libération suivante peut nous montrer le chemin à suivre pour amorcer ce changement.

Nous t'appelons à l'aide, cher Créateur-Dieu et toi cher Sauveur Jésus-Christ, ainsi que l'ensemble de tes anges. Aide ... (nom du défunt) à m'entendre et percevoir ma présence, réveille-le.

Je t'appelle ... (nom) réveille toi, car en ton corps, tu es mort. Je désire et veux t'aider, afin de te libérer. Tu es maintenant libre en tant qu'âme et esprit. Et tu te trouves hors de ton corps. Je t'en prie, libère-toi toi-même de ton corps et de ta conscience matérielle. Sois libre et pur esprit. Ne te laisse pas lier et retenir par les devoirs et la besogne que tu considérais comme essentiels. Même si ces derniers ne sont pas encore complètement achevés. Ceci n'a désormais plus aucune importance. Tout peut attendre. Les autres peuvent terminer à ta place ce que tu as commencé.

Sens-toi et rends-toi libre comme un oiseau ou un papillon dans l'air ; ils n'ont aucune pensée et ne se font aucun souci pour le lendemain, car ils se trouvent simplement dans l'Instant. Toi aussi, tu t'y trouves, tu pars maintenant en vacances dans la lumière. Crois-moi, tu as accompli tout ton travail sur cette terre, et tu l'as même très bien fait. Il est temps maintenant pour toi de retourner à ta source originelle, joyeuse et pleine de lumière. Tu renaîtras là-bas, chez toi, dans la lumière, la joie et la béatitude. Même si nous sommes tous tristes de ton départ, nous savons que ta liberté compte et que c'est juste ainsi pour toi. Nous le reconnaissons par pur amour. Nous nous détachons de toute tristesse, pour que tu voies que nous sommes remplis de joie, parce que nous savons que tu es arrivé dans ton paradis de lumière! C'est pourquoi nous t'invitons maintenant à partir et à quitter la maison et ses environs, afin que tu ne manques pas cette correspondance avec l'au-delà ou que tu te retrouves devant une porte close. Nous essayons de te soutenir de tout notre amour et de nos prières sur cette voie.

Il faut que tu saches que nous sommes toujours liés les uns aux autres par le cœur. Mais tu dois aussi savoir que l'Amour divin universel est liberté. Nous te l'accordons, comme nous nous l'accordons à nous-mêmes. Lâche prise, invoque la lumière divine en toi et libère-toi de tout ce qui te lie et te retient encore ici. Ainsi soit-il.

Bien-aimé Sauveur Jésus-Christ enveloppe cette maison de la plus pure lumière rose d'amour. Le faisceau de lumière d'amour rouge qui sort de ton cœur doit réjouir, réconforter et fortifier … (nom)*, ainsi que nous-mêmes. Ceci afin que nous ressentions et percevions à chaque instant tout ton amour. …* (nom)*, nous te disons un grand merci pour les beaux moments passés ensemble, ainsi que pour la quête et la rencontre de personnes pleines d'amour. Mon Dieu, je (nous) te remercie (remercions) pour cette vie et les enseignements des vies antérieures. Je te remercie parce que nous sommes une partie du tout, mais nous sommes pourtant autorisés à faire usage de notre libre arbitre à tout instant.*

Je te remercie pour toutes les belles choses qui nous entourent en ce moment même, elles qui nous entourent toujours, et éternellement. Je te remercie pour toutes ces possibilités que tu nous offres et grâce auxquelles nous pouvons apprendre à nous connaître ; elles nous permettent de t'expérimenter à travers nous-mêmes et les autres. Tu nous aides et nous consoles par ton amour infini. Agis de même avec … (nom) et aide-le (la). Que la lumière de ton amour soit toujours autour de nous et en nous et qu'elle nous protège des ténèbres. Guide-nous au travers des égarements et donne-nous ta force et ta sécurité. Quand nous ressentons ton amour et ta chaleur dans nos cœurs, rien ne peut nous arriver, parce que tu es toujours présent en nous. Nous sommes tes enfants et vivons heureux et éternellement avec toi et en toi. Ainsi soit-il. Je t'aime Dieu tout-puissant et Jésus-Christ, ainsi que tous les innombrables anges de ton pur amour. Tu es toujours le bienvenu en moi et dans mon cœur. Amen

Parce que nous ne lâchons pas prise, beaucoup de morts restent encore longtemps autour de leurs proches. A de nombreuses reprises, les défunts assistent à leur enterrement. Mais très souvent, ils se trouvent alors dans un demi-sommeil ou dans le coma. C'est pourquoi il est mieux pour eux que nous les appelions et les réveillions. Grâce à leur état éveillé, ils peuvent se mouvoir beaucoup plus librement et évoluer.

Nous pouvons ainsi les soutenir, car il est rare que l'enterrement soit aisé pour une âme liée à la terre. La plupart du temps, les morts se séparent de nous avec rancœur ou ploient sous les souffrances. C'est pour cela qu'ils ne croient en plus rien du tout. Ils pensent qu'ils sont perdus pour toujours ou qu'ils sont peut-être maudits pour l'éternité.

Ils ont souvent pris conscience qu'il y aurait encore bien des problèmes à résoudre ou des missions à accomplir. Cet état rend le défunt encore plus abattu et oppressé. Un sentiment de complète impuissance s'empare de lui, il est littéralement vidé. Le souhait de décrocher et de tout laisser tomber s'intensifie constamment. Pour la majorité, on peut sans doute parler de «dépression de mort». Bien sûr, cela ne concerne que les âmes liées à la terre, qui sont les plus nombreuses. Les âmes qui accèdent aux niveaux astraux sont totalement détachées du corps, elles reçoivent l'instruction et la consolation des hautes créatures spirituelles. Quelle énorme différence avec celles qui restent accrochées à leur corps. Pour leur offrir la meilleure des aides possible, il est très important de se livrer à un rituel d'inhumation libérateur. Ceci concerne les enterrements, mais également l'inhumation d'urnes.

Prière lors du rituel d'inhumation

Cher Dieu de toute chose, nous t'appelons maintenant parmi nous, à l'heure de prendre congé de … (nom). Accueille … (nom) dans le royaume de la lumière et de la joie. Merci que … (nom) ait le droit de retourner auprès de toi et qu'il (elle) soit libéré(e) de ses souffrances et autres peines corporelles. Père-Mère-Dieu, de tout ton tout amour aide-le (la) à se délivrer de ce qu'il (elle) a vécu dans son enveloppe terrestre. Guide-le (la) à travers l'insécurité et l'obscurité qu'il (elle) s'est créé lui-même (elle-même).
Nous savons que jamais tu n'abandonnes, ni ne perds une âme. C'est la raison pour laquelle nous croyons fermement que tu vas aider … (nom) et le (la) rappeler auprès de toi. Nous nous réjouissons que tu le (la)

reçoives et qu'il (elle) ait le droit de rentrer chez lui (elle). Maintenant, nous t'appelons … (nom) car nous savons que tu es encore présent(e) ici avec nous. Même si nous ne pouvons te voir, tu vas être étonné(e) de ce qui va arriver à ton corps. Grâce à ce rituel, nous aimerions te délivrer de ton enveloppe terrestre. Tu vas t'apercevoir que tu possèdes encore un corps, mais un corps spirituel de lumière fluide. Lâche donc toutes les pensées de souffrances et de douleurs liées à ce corps terrestre et deviens libre comme un papillon. Lâche complètement prise quant aux problèmes et aux questions encore en suspens et relatifs à ton passage sur cette terre. Ils ne doivent plus être un fardeau pour toi. Pose tes mains sur ton cœur, invoque le divin en toi et ressens cette chaleur qui se fait jour dans ta poitrine. Fais confiance à la plus grande force de l'amour divin, sans laquelle nous ne serions pas ici, ni nulle part ailleurs. Je t'en prie, suis le chemin de cette réalité que tu connais depuis toujours, celui de la vie éternelle. Crée là de nouveaux mondes d'amour pur par la force et la pureté de ta pensée. Sois un bon ouvrier pour le Créateur dans ses nombreuses vignes. Sois rempli de bonheur quand tu aimes et rends les autres heureux. Nous te le souhaitons de tout cœur, parce que nous t'aimons.

Nous sommes conscients que nous devons te laisser partir. Vouloir te retenir serait égoïste de notre part. Ce serait le contraire de l'amour inconditionnel que Jésus-Christ nous a enseigné. La douleur liée à l'adieu doit être pour toi un signe de la considération que nous te portons. Nous voulons tous nous réjouir de ton retour dans la pure lumière.

Nous déposons maintenant ton corps terrestre dans cette tombe, afin que la matière qui le compose puisse à nouveau se mélanger avec notre Mère la Terre. Notre mère Gaïa nous a prêté notre corps terrestre, elle l'a nourri et soutenu tout au long de notre vie.

Je t'appelle à présent Mère-Terre et te rends grâce pour tout ce que tu nous donnes ou nous offres, tout simplement. Reprends cette dépouille et fais renaître une nouvelle vie à partir d'elle.

Prière pour la dispersion de cendres dans la nature

Je t'appelle, cher esprit de l'élément air, du vent et des tempêtes. Je t'en prie prends avec toi les cendres de … (nom), laisse-le (la) flotter à l'infini, aussi libre et plein(e) de vie que toi, pour l'éternité.

Dieu bien-aimé, nous te rendons grâce pour toutes ces belles choses que tu nous offres ici sur cette planète. Avant tout, nous te remercions pour le travail des grands esprits des éléments et de la nature. Merci pour tout ce qui est grand, même dans les plus petites choses. Merci pour notre vie en tant qu'enfants de Dieu en toute liberté. Nous faisons partie de ton amour tout-puissant et cela constitue notre héritage divin. Nous t'aimons. Amen

22. Libération et délivrance de tourments démoniaques

Le démon est aussi vieux que l'humanité, car chacun porte en soi la lumière divine, mais également une part obscure et le mal. L'humain vit dans la dualité, cela a été voulu ainsi, car c'est une question d'équilibre sur terre.

Lorsque vous ouvrez un journal ou enclenchez votre télévision, vous voyez énormément de mal et de choses négatives. Ce que des politiciens, banquiers, mais aussi des représentants des Eglises qui se proclament saintes se permettent va bien au-delà des notions de bien et de mal. Je suis toujours étonné de constater à quel point les gens absorbent cela facilement et même y croient. Mais lorsqu'une personne ou une institution répand longtemps des contre-vérités, celles-ci finissent souvent par devenir en partie vraies. Le diable est bien assez malin pour soutenir les hommes avec le plus grand talent dans la diffusion de mensonges et de calomnies. Tout cela est dosé avec habilité et a toujours lieu au bon moment. Les choses peuvent même aller tellement loin qu'une personne perde la conscience d'elle-même ou qu'elle ne sente plus vivre. Il arrive alors qu'elle ne perçoive plus les couleurs ou qu'elle ne supporte plus la musique joyeuse. Elle paraît malade et son regard se perd dans le vide, si bien qu'elle finit par devenir maniaco-dépressive. Naturellement, cela peut également se produire lorsqu'une âme étrangère ou des groupes d'entités astrales s'accrochent à un être humain. C'est bien là que réside le problème, car ces éléments qui nous accablent sont les agents du mal et ils sont démoniaques. Quand vous vous adressez à des personnes qui en sont atteintes, vous apercevez très souvent un éclair dans leurs yeux. A ce moment-là, vous pouvez voir l'être diabolique en eux. Beaucoup de gens le sentent lorsqu'ils se regardent dans le miroir et qu'ils se font eux-mêmes peur.

Dans bon nombre de livres anciens, de l'Antiquité ou du Moyen Age, mais également dans des ouvrages des siècles derniers, le diable est représenté comme un monstre avec une gueule grotesque, parfois même sous la forme d'un dragon ou d'un saurien. Et c'est véritablement à chaque fois une vision affreuse, lorsque l'on rencontre de telles créatures accrochées à certaines personnes. Elles se montrent inhumaines et hideuses et elles dégagent souvent une odeur nauséabonde, pire que celle du compost ou du sac à ordures. Lorsque je veux libérer quelqu'un, il arrive qu'elles se gonflent jusqu'au plafond, pour me faire peur naturellement.

Un jour, j'étais à carnaval, assis dans un restaurant. Plusieurs femmes, masquées, y sont entrées. L'un des groupes était déguisé en diablotins rouges, tenant à la main une fourche à trois pointes. Elles tournoyaient autour de nous et se conduisaient de façon stupide avec les personnes présentes. L'une d'entre elles me dit alors: «Toi qui apparemment vois les esprits, avoue-le, tu n'as encore jamais vu un aussi joli petit diable. De toute façon, ça n'existe pas!» Je ne connaissais pas cette femme, mais voici ce que je lui répondis: «Tu es vraiment une belle petite diablesse, mais si tu étais obligée, comme moi, de voir le démon accroché à ta camarade dans toute son ampleur, de peur, tu courrais bien vite te réfugier chez toi, comme poursuivie par des furies, et t'y enfermerais à double tour. Crois-moi.»

Je n'ai pas pu voir l'expression de son visage, puisqu'elle était masquée. Peu de temps après, ces femmes avaient disparu.

L'Eglise pratique l'exorcisme depuis toujours. Je décris d'ailleurs un tel rituel dans ce livre. Mais dans la plupart des cas, cela ne fonctionne pas. En effet, on ne devrait pas combattre le mal par le mal. On peut toujours essayer, mais on aide surtout le démon à se renforcer. La seule chose que les diables ne peuvent supporter, c'est l'amour, la lumière rose et pure de l'amour et la lumière rouge qui est issue du cœur du Christ! Ce sont nos armes les plus puissantes. Mais la plupart de ceux qui sont très profondément possédés ne peuvent plus prier, ils ont le divin en horreur et se moquent de lui. Le fait de devoir s'approcher d'une telle personne est sans doute une des expériences les plus désagréables qui soit. Mais par amour du prochain, c'est une obligation. Comme ces personnes n'ont, la plupart du temps, plus les moyens de se délivrer elles-mêmes, il conviendrait de se préparer de la manière suivante :

Demandez de l'aide aux anges et à notre Créateur. Mettez-vous derrière la personne possédée et posez vos deux mains sur ses épaules. Parlez fort et faites preuve de conviction :

Prière de délivrance et de dissolution

Je vous appelle, grand Créateur, Dieu et bien-aimé Sauveur Jésus-Christ, avec tous les anges de vérité et d'amour afin que vous apportiez votre aide et votre soutien à cette personne. Aidez-la à se libérer de ce méchant démon. Je vous en prie, accordez-lui ce grand acte de grâce et rendez sa liberté à son âme. Apportez-lui vos lumières, afin qu'elle trouve les moyens de se libérer elle-même complètement.

A présent je m'adresse à toi, être des ténèbres, diable. Tu as séduit cet homme et tu en as fait ton esclave. Tu l'as privé de sa propre lumière et de cette manière, tu as détruit sa qualité de vie. Tu es l'être le plus sournois et le moins respectueux qui soit sur cette terre. Mieux que quiconque, tu sais enseigner et mettre à l'épreuve. C'est d'ailleurs pour cela que Dieu t'a toléré.

Au nom de l'amour et de la lumière, je veux que tu t'éloignes maintenant de cette personne. Comme je n'ai pas le droit de te haïr, je t'enveloppe de la lumière de l'amour divin de couleur rose. Que le rayon rouge de l'amour issu du cœur du Christ veuille bien se répandre dans ton corps, et en particulier emplir l'endroit où se trouve ton cœur. Maintenant vas-t-en. Tu es libre et cette âme humaine aussi.

Cher Père, Dieu et Sauveur Jésus-Christ, emplis également le cœur et l'âme de cette personne de la pure lumière rouge de ton cœur. Aide-la et protège-la contre d'autres agressions des ténèbres. Guide-la lorsqu'elle est séduite, renforce sa volonté et la puissance de son amour pour toi. Anges bienfaisants, ne permettez plus que ces forces des ténèbres reviennent et poursuivent leur mauvaise œuvre. Préservez et avertissez cet homme à temps, et soutenez sa volonté et son courage.

Je te remercie, Dieu d'amour et de lumière pour tout ce qui est beau et pur dans cette vie. Amen

Il est très important que la personne se libère de tous ses anciens schémas karmiques et de tous les éléments qui en ont résulté. Sinon, une rechute est toujours possible, car les canevas négatifs de base que la personne s'est créés sont encore présents et actifs. Ayez confiance en la lumière divine en vous et vivez dans l'amour de vous-même et des autres.

23. Energies extraterrestres et implantations

Pour beaucoup de lecteurs, ce thème représentera sûrement leur plus grand défi. La majeure partie des humains pensent et croient que nous sommes la seule et unique espèce vivante, et aussi la plus grande et la plus forte dans tout l'univers. Malheureusement, ce n'est pas le cas. Lorsqu'on demanda à Jésus si nous étions les seuls sur notre terre dans l'univers, il répondit qu'il existe un grand nombre de planètes comme la votre et même des plus grandes encore. Toutes sont habitées par différentes formes de vies. Mais sur certaines d'entre elles, la vie est possible uniquement sous la forme spirituelle. Nous êtres humains sommes un semis d'étoiles, et nous sommes le produit ou bien nous descendons nous-mêmes de différents astres originels. C'est pourquoi nous représentons des races astrales diverses, et cela n'a rien de dépréciatif. Cette diversité nous sollicite énormément et elle nous façonne. Personne ne peut affirmer avoir été réincarné uniquement sur terre. Souvent, nous avons aussi été des étrangers pleins de curiosité sur d'autres planètes. Nous y avons été soumis et maltraités ou alors nous avons imposé cela à tous les autres.

Mais la loi de l'équilibre est, et elle l'a toujours été, la règle. Personne ne peut y échapper. C'est pourquoi il est possible que nous croisions des êtres humains qui portent encore en eux les stigmates de ces temps-là. On peut supposer que certaines cultures astrales soient plus avancées que nous de plusieurs milliers d'années sur le plan technique. Prenons l'exemple d'une personne qui vient à décéder et qui portait de son vivant une prothèse de hanche ou de genou. Pour elle, c'est une question importante de savoir si elle peut se défaire de la conscience de son corps dans les mondes intermédiaires. Si elle n'y arrive pas, elle souffrira à nouveau des mêmes problèmes de hanche ou de genou au cours de sa prochaine incarnation. Beaucoup de thérapeutes me disent avoir des patients présentant des implants extraterrestres. Ces créatures paraissent « manipulables », comme des animaux de laboratoire ou des êtres pilotés à distance, des sortes robots humains. La plupart de ces malheureux n'ont aucun sentiment personnel. Ils perçoivent leur corps comme un élément étranger. Pour les thérapeutes, ces personnes sont hors normes et elles ne sont pas guérissables. Comme un grand nombre de spécialistes, je me suis moi aussi retrouvé face à un défi quand j'ai croisé certains de ces malheureux. J'ai écrit une prière et un rituel de délivrance pour ces personnes qui a pu être utile dans de nombreux cas.

Prière de délivrance en cas de manipulation par des énergies extraterrestres

Divin Dieu-Créateur, et toi Jésus-Christ, notre Sauveur. Je sollicite ton aide et ton assistance (pour moi-même/cet être humain ici présent). *Aide-moi à revenir à la pureté, à l'intégrité, ainsi qu'à la liberté par toi garantie de mon âme. Aide-moi à me libérer de ces implants qui me manipulent. Il se peut que je doive les*

*supporter, parce que j'ai rendu d'autres personnes dé-
pendantes à cause d'eux. Je t'en prie, aide-moi à retrouver ces âmes que j'ai rendues malheureuses et que
j'ai fait souffrir.*

*Je vous en prie, pardonnez-moi ma très grande faute.
Aide-moi a m'adresser à ces créatures qui me tiennent
prisonnier et me manipulent ; je vous pardonne vos
actes.*

*Je m'enveloppe de la toute puissante lumière de l'amour
du Christ. Je suis libre. Vous êtes libres. Dieu tout
puissant et bien-aimé Jésus-Christ, aide-moi et aide-
les à refermer les blessures de cette vieille souffrance.
Rends leur corps, et le mien également, aussi parfait
que lorsque tu nous l'as offert. Je t'aime, Dieu Créateur
et Jésus-Christ en moi et dans tout ce qui est. Ainsi
soit-il. Je rends grâce à la lumière éternelle de l'Amour.
Amen*

24. Implants issus d'anciennes vies

Beaucoup d'enfants naissent avec des faiblesses et des disfonctionnements organiques, souvent leur appareil locomoteur est lui aussi affecté de troubles. Bien sûr, beaucoup d'adultes portent aussi en eux des souffrances inexplicables. En réalité, ils sont en bonne santé, mais ils souffrent cependant de pseudo douleurs ou de maux fantomatiques. Aucun médecin n'est alors en mesure d'expliquer les douleurs que son patient lui décrit. Ces douleurs sont réelles, mais elles ne sont visibles ni à l'échographie, ni à la radiographie. Ces souffrances récurrentes ne sont même pas décelables au scanner. Pour les médecins de tels patients sont de véritables casse-têtes ; ils aimeraient aider ces personnes, mais ne savent pas comment. Ces personnes sont ballotées entre les spécialistes pour des analyses, mais finissent toujours par revenir à la case départ. Beaucoup se font l'effet d'une patate chaude à laquelle personne ne veut se brûler les doigts. Après un certain temps, chacun, pour son argent, reçoit ce diagnostique : « troubles psychosomatiques », ce qui, en réalité, veut dire « maladie imaginaire ». Il n'est pas rare que le patient reçoive alors des psychotropes pour le calmer. La plupart du temps les souffrances et la douleur persiste, mais en plus, les gens se mettent à croire qu'ils sont fous ou qu'ils sont en train de le devenir. Ils se disent, « oui, hélas, maintenant je suis malade ». Cette manière de voir les choses va créer une nouvelle particule, un nouvel élément-souffrance qui ne disparaîtra plus de lui-même. Il nous accompagnera dans la vie suivante.

Quand une personne qui souffre de la sorte vient me trouver, je demande à son âme si elle a été opérée dans une vie antérieure • si elle a reçu un organe étranger • si elle a porté un stimulateur cardiaque • si elle a eu une prothèse par exemple de hanche, genoux ou toute autre articulation artificielle, voire des implants dentaires.

Un dérangement est possible, si quelque chose de ce genre a déjà été présent dans son corps, même si ce dernier supportait bien ces implants. Mais maintenant, dans cette vie-ci et dans ce corps-ci, cet ancien produit ou organe étranger peut devenir un problème. Le souvenir de cette matière étrangère est une énergie perturbatrice encore active. Elle dérange le flux vital des esprits du corps présent maintenant dans ce nouveau corps. Un tel blocage énergétique peut se manifester même pour un membre amputé autrefois.

Le mieux serait que vous vous mettiez en relation avec les esprits supérieurs de votre corps et que vous éradiquiez ensemble ce type de perturbations anciennes, grâce à la « **Prière pour se libérer des souffrances et douleurs** » chapitre 19, ou celle pour la « **libération et la délivrance** » chapitre 22, ou d'autres.

Prière pour la délivrance de souffrances anciennes

Je t'appelle, grand esprit de mon corps. Je vous appelle aussi, innombrables esprits qui vous trouvez dans toutes mes cellules. Je m'adresse maintenant à vous, patrons de tous mes organes. Je vous en prie, écoutez-moi bien.

Sans arrêt, nuit et jour, vous travaillez pour moi, tandis que j'ignore ce qui se passe exactement. Mais je souffre, parce que vous souffrez et que vous me dites que quelque chose d'ancien vous dérange encore. Je vous en prie, effacez tous les souvenirs et toutes les souffrances des vies d'autrefois. Dissolvez les informations et les énergies vibratoires en vous qui proviennent de prothèses et de corps étrangers qui vous dérangent encore. Effacez les souvenirs et douleurs liées à d'autres organes étrangers. Effacez tous mes ordres qui vous ont rendus malades. Dissolvez maintenant tout ce qui est contraire à la santé parfaite. C'est ce que je souhaite.

Cher corps, souviens-toi de ton modèle originel, à ta raison d'être, à savoir être sain. Tu es sain et parfait.

Je te remercie pour ta grande et importante mission. Je t'aime et je te présente mes excuses pour toutes les mauvaises actions que j'ai inconsciemment provoquées contre toi.

Je t'appelle, grand Esprit créateur de mon corps et de tout ce qui est, je te prie de venir en aide à mon corps par ton amour et tes anges de guérison. Je suis sain ! Ainsi soit-il. Je te rends grâce et je t'aime parce que tu as créé en moi la perfection et tu me l'as offerte. Ma gratitude et mon amour te reviennent, Créateur originel, ainsi qu'à la forte lumière de ton amour tout-puissant. Amen

Table des matières

Préface 5

1. Message de l'archange Gabriel 8
Rituel de l'archange Gabriel 8

2. Comprendre dieu, prières et invocations 9
2.1 Prière du matin 22
2.2 Prière pour la journée 24
2.3 Prière du soir 26

3. Prières d'amour et de joie 27
Amour 29
Etre éternel 29
Jésus 30
Fleuve d'amour 30
Prière avant le repas 31
Pour les végétariens 31
Bénédiction de l'eau 32

**4. Libération d'âmes humaines et animales
emprisonnées dans des maisons** 34
Marche à suivre, étape 1 35
Libération d'âmes liées à la terre 36
Marche à suivre, étape 2 38

5. Libération des âmes astrales 39
5.1 Prière pour la libération des âmes astrales 40
5.2 Purification des énergies négatives dans l'aura . . . 43
Courte prière de délivrance des énergies astrales
de son propre corps 43

6. Saletés astrales. 44
6.1 Délivrance des basses énergies astrales chez
l'homme (ou chez l'animal). 47
6.2 Prière de libération des énergies astrales liées
au corps en plein air. 49
6.3 Libération d'énergies astrales présentes dans
des bâtiments, des logements et des objets 50

7. Rituel de pardon pour anciens coupables 51
Prière du pardon et de la rémission. 53

8. Libération de karmas et d'élements. 54
8.1 Libération de serments et de promesses. 59
8.2 Libération de l'envie, de la haine, de la colère
et des sentiments de jalousie et de souffrance. 60
8.3 Libération des pensées, activités, imprécations
et malédictions de magie noire 60

**9. Liberation d'énergies elémentaires
individuelles** 62
9.1 Prière pour la dissolution et la libération des
énergies elémentaires individuelles créées par soi . . .67
9.2 Libération des expériences de faim,
de pauvreté et de manque 69
Libération de ce schéma de souffrances. 70

**10. Libération de schémas de souffrance et
d'éléments agissant contre son propre corps** 73
10.1 Souffrances de l'âme. 73
10.2 Détachement et libération des schémas
de souffrance infligées à son propre corps 79
10.3 Prière pour se libérer des sentiments
de peur inconscientes 80

11. Salutation de son corps et méditation 82
11.1 Salutation matinale de son corps 82
Rituel du matin... 84
11.2 Renforcement et purification de la
conscience du corps inférieure 84
Invocation de notre Mère la Terre et méditation 85

12. Les enfants indigo et leurs parents 87
12.1 Méditation de lumière cristalline de
l'archange Michel pour les chakras 90
Chakras – Méditation de lumière 91
12.2 Prière pour les enfants indigo 96
12.3 Prière pour les parents............................ 96

13. Notre Mère la Terre................................. 98
13.1 Prière pour notre Mère la Terre 100
13.2 Prière pour la nature printanière................ 103
13.3 Pour le soleil 104
Prière pour le lever du soleil 107
13.4 Prière et remerciements pour toute créature... 107

14. Réconciliation avec les esprits de la nature .. 109
Prière pour les esprits de la nature dérangés 113

15. Ames animales 115
15.1 Prière de délivrance pour les âmes animales
qui souffrent et demeurent liées à la terre 117
15.2 Pour les animaux................................. 118
Prière pour les animaux 119

**16. Purification des énergies de la terre
les plus basses**... 120
Procédé de purification................................ 121

17. Richesse et pauvreté 123
17.1 Souffrances liées à la surcharge pondérale . . . 124
Rituel de libération pour se débarrasser
de la surcharge pondérale 126
17.2 L'ère nouvelle 127
Prière pour l'abondance 128

**18. Souhaits et demandes adressés à sa propre
conscience suprême ainsi qu'aux mondes des
esprits divins et la joie qui en résulte** 130
18.1 Souhaits et demandes 131
1er exemple : un nouvel emploi 131
Marche à suivre 131
Prière 133
2e exemple: le partenaire idéal 133
Prière 137
18.2 Le bonheur qui en résulte 137
Pour l'homme – Prière pour la bien-aimée 137
Pour la femme – Prière pour le bien-aimé 138

19. Souffrances corporelles 140
19.1 Prière pour se libérer des souffrances
et douleurs 143
19.2 Se libérer des allergies 145
Reprogrammation du corps 146

**20. Prière pour les victimes de guerres et
leurs souffrances** 148
Prière de délivrance des expériences de guerre 149

21. Naissance et mort 151
21.1 Rituel pour le baptême 151
Rituel de baptême et prière 152

21.2 Procédure mortuaire, prière pour les morts
et rituel d'inhumation 155
Prière de libération pour les morts 156
Prière lors du rituel d'inhumation 159
Prière pour la dispersion de cendres dans
la nature 161

**22. Libération et délivrance de tourments
démoniaques** 162
Prière de délivrance et de dissolution 164

23. Energies extraterrestres et implantations 167
Prière de délivrance en cas de manipulation
par des énergies extraterrestres 168

24. Implants issus d'anciennes vies 170
Prière pour la délivrance de souffrances
anciennes 171

Table des matières 173